„Nathan und seine Kinder“ von Mirjam Pressler

A Vor dem Lesen: Hintergründe kennenlernen

M1: Die vorangestellten Zitate, Zitat 1

Das erste Zitat, das die Autorin Mirjam Pressler ihrem Roman vorangestellt hat, stammt aus **Psalm 87, Zion wird die Mutter der Völker**. Zion steht hier für die Stadt Jerusalem, denn sie wurde auf dem Berg Zion erbaut. Zionsberg nennt man heute den Hügel südwestlich der Jerusalemer Altstadt, auf dem die katholische Dormitio-Abtei, das von Juden verehrte Davidsgrab und der christliche Friedhof zu finden sind. Mit den Wohnungen in Jakob sind die Stätten der Gläubigen außerhalb Jerusalems gemeint.

1 Was erfährt man im ersten Satz des Zitats über Jerusalem?

___

___

___

2 Welches Bild von Jerusalem wird durch das Zitat vermittelt? Beziehe in deine Überlegungen auch den Titel des Psalms mit ein.

___

___

___

___

M 2: Jerusalem, die Stadt der drei Weltreligionen

Die Stadt Jerusalem ist nicht nur Heimat für mehr als 730 000 Menschen, sondern gleichermaßen eine der heiligsten Stätten der drei monotheistischen Weltreligionen Judentum, Christentum und Islam. Das Wort monotheistisch kommt aus dem Griechischen (monos = ein, theos = Gott) und bedeutet, dass die Angehörigen dieser drei Religionen glauben, dass es nur einen einzigen Gott gibt, der zugleich Schöpfer und Bewahrer der Welt ist. Jerusalem, das 1800 v. Chr. erstmals schriftlich erwähnt wird, ist somit nicht nur eine der ältesten Städte der Welt, sondern als bedeutsame Stadt für drei große Religionen auch immer wieder heiß umkämpft. Heute stehen in der Stadt 1204 Synagogen (jüdische Gotteshäuser), 158 Kirchen (christliche Gotteshäuser) und 73 Moscheen (muslimische Gotteshäuser).

Das Judentum ist die älteste Religion, die Jerusalem als heilige Stadt verehrt – auch wenn die Siedlung lange vor der Ankunft der Israeliten existierte. Erst König David gelang es, um das Jahr 997 v. Chr. die Stadt zu erobern und zur Hauptstadt seines Reiches zu machen. König Salomo, Davids Sohn, soll den ersten Tempel für Jahwe (= Gott) errichtet haben, der allerdings von den Babyloniern zerstört wurde. Ähnlich erging es dem zweiten Tempel, den Herodes errichten ließ: Er wurde von den Römern vernichtet. Das einzige Überbleibsel ist die westliche Stützmauer – die Klagemauer, die als heiligster Ort der Juden gilt, weil sie dem ehemaligen Allerheiligsten am Tempelberg am nächsten ist. Nach dem fehlgeschlagenen Aufstand gegen die römischen Besatzer im ersten nachchristlichen Jahrhundert emigrierten die jüdischen Bewohner in die Diaspora. Fast 2000 Jahre später kehrten Millionen verstreuter Juden ins sogenannte Gelobte Land heim und gründeten 1948 den Staat Israel. Für die Juden ist Jerusalem somit bis heute die Stadt des Salomonischen Tempels und damit einstiges religiöses und kulturelles Zentrum des Volkes Israel.

Für das Christentum ist Jerusalem vor allem der Ort des Lebens, Leidens, Sterbens und der Auferstehung Jesu Christi. Der heiligste Ort ist dabei die Grabeskirche, die anstelle eines Venustempels nahe der Schädelstätte Golgotha errichtet und im Lauf der Jahrhunderte erweitert wurde. Viele Gläubige pilgern auch in den Saal des Letzten Abendmahls, wo Jesus mit den Zwölf Aposteln kurz vor dem jüdischen Pessach-Fest gespeist haben soll. Der Ölberg außerhalb der Stadtmauern Jerusalems gilt als Beginn des Leidensweges Jesu: Hier soll er eine Nacht lang gebetet haben, bevor er von Judas mit einem Kuss verraten wurde. Die Eleona-Basilika auf dem Ölberg wurde allerdings zerstört. Gerade zu Ostern ziehen Tausende Pilger über die Via Dolorosa vom Löwentor zur Grabeskirche, um den Kreuzweg Jesu Christi nachzugehen.

Am Ende der Via Dolorosa ist die Grabeskirche, in der alle christlichen Konfessionen des Todes und der Auferstehung Christi gedenken. Schon im ersten Jahrhundert nach Christus pilgerten Urchristen an diese Stelle. Kaiser Hadrian ließ einen Venustempel errichten, um die Verehrung des Grabes zu beenden. Zwei Jahrhunderte später jedoch wandelte Kaiser Konstantin, der 313 das Toleranzedikt für das Christentum erließ, den Tempel in eine Kirche um.

Für die Muslime ist Jerusalem nach Mekka und Medina die drittheiligste Stadt, was hauptsächlich auf einer Legende beruht: Mohammed soll in einer Nacht auf dem Ross Buraq nach Jerusalem gereist sein, wo er in den Himmel aufstieg, um sich mit anderen Propheten des Islam zu treffen. Heiligster Ort der Muslime ist – wie für die Juden auch – der Tempelberg, auf dem die al-Aqsa-Moschee mit dem Felsendom steht. An keinem Ort wird die wechselvolle religiöse Tradition Jerusalems so sichtbar wie hier: Am Tempelberg standen zunächst der salomonische, dann der herodianische Tempel, ein Jupiter-Tempel, eine Marienkirche und letztlich der Felsendom.

Quelle: http://diepresse.com/home/panorama/religion/406281/index (Stand: 19. 4. 2012) (leicht verändert)

1 Lies den Informationstext M 2 gründlich durch und unterstreiche bereits beim ersten Lesen wesentliche Inhalte.

2 Fülle mithilfe der im Text gegebenen Informationen, deines Vorwissens sowie zusätzlicher Recherchen die folgende Tabelle aus.

	Judentum	**Christentum**	**Islam**
Gotteshaus			
Heiliges Buch, heilige Schrift, Glaubensgrundlage			
Heilige Orte in Jerusalem			
Symbole			
Wichtige Personen			

M 3: Die vorangestellten Zitate, Zitat 2

1 Dieses Zitat stammt aus Gotthold Ephraim Lessings Drama *Nathan der Weise,* das die Vorlage zu Mirjam Presslers Roman lieferte. Es spricht Daja, die christliche Gesellschafterin der Tochter des jüdischen Kaufmanns Nathan, über das Verhältnis von Juden, Christen und Muslimen.

a Wie scheint dieses Verhältnis laut Daja zu sein?

b Wie wird verdeutlicht, dass Daja eine Veränderung des Zustands für unwahrscheinlich hält?

c Wie steht Daja vermutlich den Religionen gegenüber?

M4: Rezension zum Roman

Mirjam Pressler: Nathan und seine Kinder

*Kinder- und Jugendbuchpreis Luchs 264**

Zum Inhalt: Jerusalem um 1192: Die Christen haben die Heilige Stadt an den mächtigen Sultan Saladin verloren. Von den gefangenen Kreuzrittern begnadigt der Herrscher nur einen einzigen, den jungen Tempelritter Curd von Stauffen.

Diese gute Tat zieht eine weitere nach sich – der junge Mann rettet das Mädchen Recha aus den Flammen ihres Hauses. Sie ist die schöne Adoptivtochter des reichen jüdischen Kaufmanns Nathan, den man den Weisen nennt.

Doch über Nathans Kopf braut sich Unheil zusammen. Sultan Saladin, der in Geldnot ist, stellt ihm die schwierigste aller Fragen: Welche Religion ist die einzig wahre? Nathan antwortet mit dem berühmten Gleichnis von den drei Ringen und gewinnt den mächtigen Sultan zum Freund. Nathan ahnt aber nicht, dass ihm inzwischen der christliche Patriarch von Jerusalem und der muslimische Hauptmann Abu Hassan nach dem Leben trachten.

Mirjam Pressler erzählt die dramatischen Ereignisse um Nathan den Weisen nach, vieles variiert sie. In den Mittelpunkt stellt sie Nathans Liebe zum Leben, seine Besonnenheit und seinen Traum vom Sieg der Vernunft über den religiösen Fanatismus. Auch Recha, einer emanzipierten jungen Frau, wird in dieser Darstellung mehr Platz eingeräumt.

Mirjam Pressler: „Die Koexistenz der Religionen, die bis heute nicht gelingt, ist kein häufiges Thema in der Literatur, und wenn man sich damit beschäftigt, stößt man selbstverständlich auf Gotthold Ephraim Lessings *Nathan der Weise.* Nach Goethes *Faust* gehört *Nathan der Weise* zu den meistgespielten Stücken auf deutschen Bühnen und sein Einfluss auf die Aufklärung ist wohl nicht zu überschätzen …

Ich habe mich so weit wie möglich an Lessings Vorgabe gehalten, schon um ihm meine Reverenz zu erweisen. Nur wo mir die Handlung zu fantastisch und nicht mehr logisch erschien, habe ich mir erlaubt, sie zu verändern und so weiterzutreiben, wie sie meines Erachtens eher hätte ablaufen können. Dennoch soll mein Buch keineswegs ein Gegentext zu Lessing sein. Nur eine Variation."

Quelle: http://www.radiobremen.de/funkhauseuropa/serien/luchs/pressler100.html (erschienen: 12. 2. 2009, Stand: 19. 4. 2012)
**Radio Bremen und DIE ZEIT prämieren seit 1986 jeden Monat ein besonders gelungenes Kinder- oder Jugendbuch.*

1 Wo spielt die Romanhandlung und in welcher Zeit ist die Handlung angesiedelt?

____

2 Welche Personen, die im Roman eine wichtige Rolle spielen, werden genannt? Liste die Figuren auf.

____

____

____

3 Welches berühmte Drama diente Mirjam Pressler als Vorlage für ihre Romanhandlung?

____

4 Welches Thema greifen sowohl Presslers Roman als auch dessen Vorlage auf?

____

____

M 5: Interview mit Mirjam Pressler

„Mir tun junge Menschen leid, wenn sie gar nicht lesen"

Mirjam Pressler über ihren Roman „Nathan und seine Kinder", E-Books und die Unersetzbarkeit von Büchern

Frau Pressler, unter jungen Lesern wird das Lesen von Mangas immer populärer, wie bewerten Sie das?

PRESSLER: Ich finde das hübsch, aber ich habe es wirklich nicht mit Comics. Ich könnte mir auch nicht vorstellen, eines Tages mal an einem Comic mitzuwirken – das ist nicht meins.

Ich denke, man sollte im jungen Alter ebenso Klassiker lesen, auch wenn diese nicht so leicht zu lesen sind. Einfach weil es dazugehört und weil es zur Verständigung nötig ist. Sie werden sonst manche Sachen überhaupt nicht lesen und verstehen können, weil sie nicht die Vorbildung haben. So verlieren sie die Möglichkeit der Kommunikation: Sie verstehen Zitate nicht mehr und können auf Dinge, auf die wir ganz normal zurückgreifen, nicht mehr zurückgreifen. Da frage ich mich, wie dann die Verständigung laufen soll. […]

Was ist Ihr Hauptanliegen, wenn Sie Bücher schreiben?

Ich schreibe hauptsächlich für mich und habe kein Anliegen, zumindest nicht vordergründig. Ich schreibe gerne, es macht mir Spaß, mit Sprachen zu arbeiten und Geschichten zu erzählen.

Ihre Bücher thematisieren oft ernste Themen. Geht die Orientierung an realen Problemen in der heutigen Kinder- und Jugendliteratur verloren?

Sicher ist das ein bisschen verloren gegangen, aber es wird wiederkommen, so etwas verläuft in Wellen.

Was für konkrete Lösungsmöglichkeiten bieten Sie in Ihren Büchern jungen Menschen an?

Ich erzähle Geschichten, Geschichten von Personen. Es geht mir wirklich nicht darum, dass ich eine Form von Happy-End biete oder sage: „Das und das wäre die Lösung." Ich bin aber dafür, dass man über alles redet und sich Gedanken macht.

Und wie ist die Resonanz bei den Lesern?

Immer wieder kommen Leute und sagen: „Das war's, das Buch damals hat mir geholfen." Das geht, glaube ich, allen Autoren so. So funktionieren Bücher natürlich. Auch mir haben bestimmte Bücher geholfen oder haben mich beeindruckt, das muss nicht unbedingt Weltliteratur sein. Ein bestimmtes Buch zum richtigen Zeitpunkt kann viel bewirken.

Es wird oft die negative Wirkung von Medien diskutiert, z. B. durch Gewaltfilme bei Jugendlichen. Können auch Bücher einen negativen Einfluss haben?

Man kennt es schon von *Die Leiden des jungen Werthers* von Goethe: Nach der Veröffentlichung des Romans gab es damals zahlreiche Selbstmorde. Ich denke, dass Gewaltverherrlichung schaden kann, vor allem, wenn sie mit Bildern gekoppelt ist. Das hat so einen gewissen Gewöhnungseffekt, Gewalt wird etwas Normales.

Mit Ihrem neuen Buch „Nathan und seine Kinder" adaptieren Sie einen bekannten Klassiker. Welche Idee steht für Sie dahinter?

[…] Der Hauptgrund ist, dass ich sehr dafür bin, dass Geschichten immer wieder erzählt werden, dass sie nicht verloren gehen. Als meine Töchter in der Schule *Nathan der Weise* gelesen haben, kamen sie nach Hause und sagten: „So ein Gelaber" und wollten es nicht lesen. Da habe ich damals schon gedacht: „So gehen Geschichten verloren, so geht die Ringparabel verloren!" Wie sollen Leute merken, welche Geschichten es wert sind, bewahrt zu werden, wenn sie nicht erzählt werden? *Nathan der Weise* ist im Original sehr schwer zu lesen und ist vor allem keine richtige Geschichte. Das Stück besteht eigentlich nur aus Statements, es wird die ganze Zeit nur Toleranz gefordert, ohne zu erzählen, wo der Druck herkommt und was genau darunter zu verstehen ist.

Aber fiel es Ihnen nicht schwer, ein so bekanntes Stück neu zu erzählen?
Es war überhaupt nicht leicht. Die Geschichte spielt um 1200 n. Chr. in Jerusalem, das war die Zeit der Kreuzzüge. Als Lessing das geschrieben hatte, konnte er sicherlich fest damit rechnen, dass alle Leute über die Kreuzzüge Bescheid wussten. Das ist heute nicht mehr so. Ich musste also wahnsinnig viel recherchieren. Doch ich habe nicht gezögert ein solches Werk umzuschreiben, ich habe das relativ unbefangen gemacht. Natürlich werden irgendwelche Leute sagen, ich hätte mich vergriffen. Aber ich will, dass die Geschichte bleibt.

Das Hauptmotiv in „Nathan der Weise" ist die religiöse Toleranz. Wie würden Sie Toleranz definieren?
Da gibt es diesen platten Spruch „Leben und leben lassen". Toleranz bedeutet, anderen zuzugestehen, etwas anderes zu denken. Lessing forderte die Vernunft, das ist es, was wir brauchen. Das funktioniert bis heute nicht. Es war damals in Jerusalem so und ist auch heute noch so.

Warum sind Klassiker heutzutage noch wichtig? Gibt es nicht auch gute neuere Literatur?
Klassiker sollten weiterhin gelesen werden, das ist unser kulturelles Erbe. Aber auch Kinderbücher wie *Huckleberry Finns Abenteuer* oder die *Rote Zora* – die gehören für mich zu den Klassikern, die eigentlich jedes Kind mal gelesen haben sollte. Doch auf die alten Klassiker sollte man nicht ganz verzichten.

Das E-Book wird immer populärer, haben Sie schon einmal eins gelesen?
Nein, aber ich könnte es mir gut vorstellen, dass ich mir das irgendwann anschaffe, zum Beispiel für Reisen. So kann ich mehr Bücher dabeihaben. Es ärgert mich, wenn ich im Urlaub bin und merke, dass ich die drei falschen Bücher mitgenommen habe. In solch einer Situation könnte ich es mir gut vorstellen. Zu Hause möchte ich lieber richtige Bücher lesen.

Ist das E-Book vielleicht auch eine Chance, junge Menschen mehr für das Lesen zu begeistern?
Ja, es ist natürlich eine Spielerei. Ich mag diese technischen Spielereien auch sehr gerne, ich liebe meinen Computer sehr. Wenn sie Bücher lieber als E-Book lesen wollen, dann ist es okay, da habe ich überhaupt nichts dagegen. Ich habe lieber ein Buch in der Hand.

Interview: Sarah Kröger

Quelle: http://planet-interview.de/interview-mirjam-pressler-14042009.html (gekürzt und leicht verändert) (erschienen: 14. 4. 2009, Stand: 17. 4. 2012)

info

Mirjam Pressler

Mirjam Pressler wurde 1940 in Darmstadt geboren. Sie studierte an der Akademie für bildende Künste in Frankfurt a. M. und arbeitete danach in verschiedenen Berufen, u. a. in einem Kibbuz in Israel. 1979 begann sie mit dem Schreiben, heute ist sie eine der erfolgreichsten Autorinnen der Kinder- und Jugendliteratur.
Sie verfasste über 30 Bücher und übersetzte zudem mehr als 200 Titel aus dem Niederländischen, Flämischen, Hebräischen und Englischen. Pressler schreibt über Außenseitertum, problematische Kindheiten und sie thematisierte mehrfach den Holocaust.

Quelle: http://planet-interview.de/interview-mirjam-pressler-14042009.html (erschienen: 14. 4. 2009, Stand: 17. 4. 2012)

Schreibaufgabe

Lies das Interview mit Mirjam Pressler in Ruhe durch und verschaffe dir einen ersten Eindruck von ihr als Person und Autorin. Stell dir vor, du selbst hättest im Auftrag eurer Schülerzeitung das Interview geführt und aus den gewonnenen Informationen soll nun ein für Schülerinnen und Schüler ansprechender **Zeitschriftenartikel** entstehen.

Da nicht alle der Fragen und Antworten im Artikel aufgegriffen werden können, wähle die zehn interessantesten Aspekte des Interviews aus und verwende nur diese. Was Mirjam Pressler jedoch über ihren Roman *Nathan und seine Kinder* sagt, muss in deinem Artikel enthalten sein.

B Während des Lesens: Charaktere erarbeiten, Themen erfassen

Bereits beim ersten Lesen der Lektüre solltest du dir **sinnvolle Notizen** machen. Die spätere Arbeit am und mit dem Buch fällt dir dadurch viel leichter, zudem hast du damit schon einen Teil deiner (Prüfungs-)Vorbereitung geleistet.
Bearbeite die folgenden Aufgaben möglichst **beim Lesen** des Romans.

1 Erstelle zu den Hauptfiguren des Romans **Figurenplakate** oder **Steckbriefe**. Notiere darauf all das, was du während des Lesens über die einzelnen Charaktere erfährst.

Unterscheide dabei:

- Kommt die Figur als einer der Ich-Erzähler selbst zu Wort?
  →Kennzeichne die Informationen oder Angaben im Roman z. B. mit **IE** für **I**ch-**E**rzähler.
- Erfährt man durch einen der (anderen) Ich-Erzähler etwas über die Figur, die nicht unbedingt selbst zu Wort kommen muss? → Kennzeichne die Informationen oder Angaben im Roman z. B. mit dem Namen der Figur, über die Informationen enthalten sind.

Folgende Figuren kommen als Ich-Erzähler selbst zu Wort: Geschem, Daja, Elijahu, Recha, Curd von Stauffen (Tempelritter), Al-Hafi, Sittah, Abu Hassan. Nathan und Sultan Saladin fungieren nicht als Ich-Erzähler, sind aber dennoch von großem Interesse.

Auf der nächsten Seite findest du mögliche Kategorien zur Erarbeitung eines Figurenplakats, das während des Lesens ergänzt werden kann. Notiere, wo möglich, unbedingt **Zitate der Figur** oder **Zitate über die Figur** mit Kapitel- und Seitenangaben. Kopiere das Figurenplakat auf ein DIN-A 3-Blatt, damit du ausreichend Platz zum Eintragen aller Informationen hast.

2 Lege in deinem Heft eine Zeichenlegende an. Bestimme Abkürzungen oder Symbole für wiederkehrende Themen, beispielsweise für:

- Informationen zu Nathans Familiengeschichte (z. B. *F Nathan*)
- Informationen zur Vorgeschichte einer Figur (z. B. *V Nathan*)
- Informationen zur Religionszugehörigkeit einer Figur (z. B. *R Nathan* oder Religionssymbol)

Markiere den Text mit den verschiedenen Symbolen. Wichtig ist, dass das jeweilige Symbol bzw. die Abkürzung dir nachvollziehbar erscheint.

3 Finde zusätzlich zu den Kapitelbezeichnungen, die Auskunft darüber geben, aus wessen Perspektive das jeweilige Kapitel erzählt wird, aussagekräftige(re) Überschriften, die dir später Anhaltspunkte zum Inhalt geben können. Lege eine Tabelle nach folgendem Beispiel an und notiere die Überschriften darin und jeweils zu Kapitelbeginn im Buch.

Kapitel	Seite … bis …	mögliche Überschrift
1 Geschem	*9 bis 23*	*Das Feuer*
2 Daja	*24 bis 40*	…

Vorlage Figurenplakat (zu Aufgabe 1, S. 7)

	Informationen (in eigene Worte gefasst)	passendes Zitat / Textbeleg mit Kapitel- und Seitenangabe
Name der Figur		
ungefähres Alter, Aussehen		
Beruf, Position, Status		
Verbindung zu / Einstellung gegenüber Nathan		
Religionszugehörigkeit		
Einstellung zur Wertigkeit der verschiedenen Religionen		
Schicksalsschläge, die ihm / ihr zuteil wurden		
Hilfe, die er / sie von anderen erhalten hat		
Feinde, Gegenspieler		
Verbündete, Freunde, Berater		

C Nach dem Lesen: Inhalte verstehen und interpretieren

Im Folgenden findest du Aufgaben, die sich auf einzelne Kapitel des Buchs beziehen. Lies die Kapitel zunächst gründlich durch; so findest du die zur Bearbeitung notwendigen Informationen leichter.

Personenregister auf Seite 7

Vor Beginn der eigentlichen Handlung von *Nathan und seine Kinder* werden die Personen, die im Roman eine Rolle spielen, kurz vorgestellt. Das ist auch in den Textausgaben von Theaterstücken üblich. Es erleichtert dem Leser oder Zuschauer das Textverständnis und kann unter Umständen bereits einen kleinen Einblick in den möglichen Handlungsverlauf geben.

1 Vervollständige die folgende Liste, indem du Informationen aus dem Personenregister auf Seite 7, aus der Zeittafel auf Seite 252 und aus dem Glossar auf den Seiten 255–258 ergänzt.
Trage nach dem Lesen von Kapitel 1 weitere Informationen in die Liste ein (siehe Aufgabe 2, S. 11).

Nathan	• jüdischer Kaufmann in Jerusalem
Recha	• •
Curd von Stauffen	• • • • ein junger Tempelritter
Zusatzinformation Tempelritter	Tempelritter sind ______ ______. Sie sollen ______ ______. Ihr Erkennungszeichen ist ______ ______. Die Anfänge des Templerordens liegen im Jahr ______.
Sittah	•
Daja	• • •

Sultan Saladin	• eigentlich Salah ad-Din • Sohn eines ____ • stürzt 1171 die ____ • besiegt 1187 das Heer ____ ____ • 2.10.1187: ____ • •
Geschem	• • • • bekommt von Nathan den Namen „Geschem Ben Abraham"
Zusatzinformation Ben	Ben bedeutet im Hebräischen ____. Als Bestandteil des Namens bedeutet Ben ____. Für die Juden ist Abraham ____ Die Muslime verehren Abraham als ____. Die Christen verehren ihn als Urbild ____.
Elijahu	• •
Jakob	•
Zipora	•
Abu Hassan	•
Al-Hafi	• •
Zusatzinformation Derwisch	Das Wort Derwisch stammt aus dem Persischen ____ ____. Unter einem Derwisch versteht man ____ ____.
	•

Zu Kapitel 1

2 Welche Figuren werden im ersten Kapitel erwähnt bzw. spielen eine Rolle, was erfährt man über sie und ihre Beziehung zu Nathan? Finde weitere Informationen und ergänze die Tabelle auf S. 9 f.

3 Lies dir folgende Äußerungen durch. Entscheide, ob sie wahr oder falsch sind. Erkläre dann deine Entscheidung und belege dies jeweils mit Zitaten.

Nathan weiß, was wirklich wichtig ist.

☐ stimmt ☐ stimmt nicht

Erklärung, Zitat: ______________________________

____

____

____

____

Nathan glaubt nicht an Gott.

☐ stimmt ☐ stimmt nicht

Erklärung, Zitat: ______________________________

____

____

____

____

Zipora und Elijahu sind gutmütige Menschen.

☐ stimmt ☐ stimmt nicht

Erklärung, Zitat: ______________________________

____

____

____

____

Daja liebt Recha sehr.

☐ stimmt ☐ stimmt nicht

Erklärung, Zitat: ______________________________

____

____

____

Recha wurde von einem Engel gerettet.

☐ stimmt ☐ stimmt nicht

Erklärung, Zitat: ______________________________

____

____

____

Nathan ist ein erfolgreicher Geschäftsmann.

☐ stimmt ☐ stimmt nicht

Erklärung, Zitat: ______________________________

____

____

____

4 Nathan gibt Geschem seinen Namen und sagt: „Und weil wir alle Abrahams Söhne sind, heißt du Geschem Ben Abraham oder Geschem Ibn Ibrahim, je nachdem, wer dich nach deinem Namen fragt.“ (S. 22)

a Wie wurde Geschem vorher von allen genannt?

b Erkläre Nathans Aussage: Wen meint er mit „wir“, was meint er, wenn er sagt, alle seien „Abrahams Söhne“?

c Weshalb hat Geschem nun gleich zwei Namen?

d Weshalb entscheidet sich der Junge für den Namen „Geschem“?

5 Welchen Beinamen trägt Nathan in Jerusalem?

Nathan, der ______________________________

Es ist sinnvoll, nicht erst nach der vollständigen Bearbeitung des Romans in die Textproduktion einzusteigen, sondern schon nach kürzeren Handlungsabschnitten Schreibanlässe zu durchdenken und zu verfassen. Deshalb findest du im Folgenden nach verschiedenen Kapiteln Schreibaufgaben.

Schreibaufgabe

Möglicher Schreibanlass nach Kapitel 1 (Geschem – Das Feuer):
Recha hört, wie Nathan den Küchenjungen mit einem ihr unbekannten Namen ruft. Sie fragt ihren Vater, woher dieser wisse, wie der Junge heißt.
Schreibe Nathans Antwort auf Rechas Frage.

Zu Kapitel 2

6 Sind folgende Aussagen wahr? Kreuze die richtigen Aussagen an.

- [ ] Nathan war sehr mitgenommen, als er von dem Brand hörte.
- [ ] Das Verhältnis von Nathan und Elijahu ist rein geschäftlich.
- [ ] Nathan macht seinen Dienern Vorwürfe, weil sie den Brand nicht verhindert haben.
- [ ] Recha ist eigentlich schon im heiratsfähigen Alter.
- [ ] Recha hält den Tempelritter für äußerst gut aussehend.

7 Kann man in Dajas Fall von einer glücklichen Kindheit sprechen? Begründe deine Meinung.

8 Welche motivierenden Gründe wurden den Christen von den Predigern genannt und welcher Lohn wurde ihnen versprochen, damit sie sich den Kreuzzügen anschlossen?

9 Welcher Antrieb spielte laut Daja für viele junge Leute eine ausschlaggebende Rolle bei der Entscheidung, sich den Kreuzfahrern anzuschließen?

10 Daja sagt über die Kreuzzüge: „Doch das Grauen überwog [...].“ (S. 31)
Nenne drei verschiedene Beispiele für dieses Grauen auf dem Kreuzzug.

1	2	3
....	....	....
....	....	....
....	....	....
....	....	....

Schreibaufgabe

Möglicher Schreibanlass nach Kapitel 2 (Daja – Dajas Kreuzzug/Nathan und Daja):
Auf ihrem Weg zum Markt trifft Daja zufällig eine Frau namens Maria wieder, die sie während der Reise kennengelernt hatte und die, genau wie sie selbst, mit ihrem Mann von Deutschland nach Jerusalem gekommen war. Daja berichtet ihr, wie es ihr nach der Ankunft in Jerusalem ergangen ist und wie ihr Leben in Nathans Haus verläuft.
Schreibe das Gespräch zwischen Maria und Daja.

info

Kreuzzüge

Im Jahr 1095 rief der damalige Papst, Urban II., mit den Worten „Gott will es“ zur Befreiung der Heiligen Stätten von den Muslimen, zu einer „bewaffneten Wallfahrt“ nach Jerusalem auf. Den Teilnehmern wurde doppelter Lohn versprochen: ein himmlischer, indem Ablass für die Sünden gewährt wurde, und ein irdischer in Form von Eroberungen und Beute.

Der Aufruf zu den Kreuzzügen traf auch deshalb auf fruchtbaren Boden, weil der Konflikt zwischen den Religionen bereits seit Längerem schwelte. Im Jahr 1009 wurde beispielsweise die Grabeskirche in Jerusalem, eines der größten Heiligtümer des Christentums, durch Kalif al-Hakim zerstört.

Zehntausende christliche Ritter und Abenteuerlustige schlossen sich dem ersten Kreuzzug (1096–1099) an. Hoffnung auf materielle Vorteile, auf Ruhm und Ehre, andererseits Armut und Perspektivlosigkeit in der Heimat, aber auch Religiosität oder religiöser Fanatismus waren die Gründe für das rasche Anwachsen der Kreuzzugsbewegung, die vom Ende des 11. bis zum Ende des 13. Jahrhunderts dauerte. Im Jahr 1099 fiel Jerusalem in die Hände der Kreuzritter. In den Chroniken ist von Massakern an der muslimischen wie jüdischen Bevölkerung zu lesen.

Dem kurdisch-stämmigen Sultan Saladin gelang es, Ägypten und Syrien unter seiner Herrschaft zu vereinen und Jerusalem im Jahr 1187 zurückzuerobern. Ein Großteil der christlichen Kirchen wurde daraufhin in Moscheen umgewandelt, Christen und Juden erhielten jedoch freien Zugang zu ihren heiligen Stätten. Der später ausgerufene dritte Kreuzzug erreichte keine Rückeroberung Jerusalems. Mirjam Presslers Roman spielt etwa in diesen Jahren.

Insgesamt gab es sieben Kreuzzüge, die jedoch nicht immer die „Befreiung“ der heiligen Stätten in Jerusalem zum Ziel hatten. Die Kreuzzüge scheiterten endgültig, als im Mai 1291 die letzte Festung der Kreuzfahrer in Palästina, Akkon, erobert wurde.

Zu Kapitel 3

11 Lies dir die folgenden Aussagen von Elijahu durch. Welche Eigenschaften Elijahus werden durch sie deutlich?

Zitate	Eigenschaften
„In Damaskus hatte Nathan Handel getrieben und mit Gottes Hilfe gute Geschäfte gemacht." (S. 41)	
„[...] Zipora hatte mir [...] nachgeschenkt und war rot geworden, als ich mich bei ihr bedankt hatte." (S. 44)	
„Ich zog natürlich mit ihm, auch wenn ich ihn nicht verstand." (Z. 48)	
„[...] obwohl ich nur etwas Selbstverständliches getan hatte." (S. 50)	
„‚Ich fürchtete, deine Erinnerungen zu wecken. Ich wollte dir nicht wehtun.'" (S. 51)	

12 Wenn man Nathans Vorgeschichte kennt, ist es erstaunlich, dass er Daja als Erzieherin für seine Tochter in sein Haus geholt hat. Erkläre diese Behauptung.

13 „Mal wird einem eine Hand hingehalten, ein andermal streckt man selbst die Hand aus." (S. 54)
Erkläre, was Elijahu damit – auf sein eigenes Leben bezogen – meint.

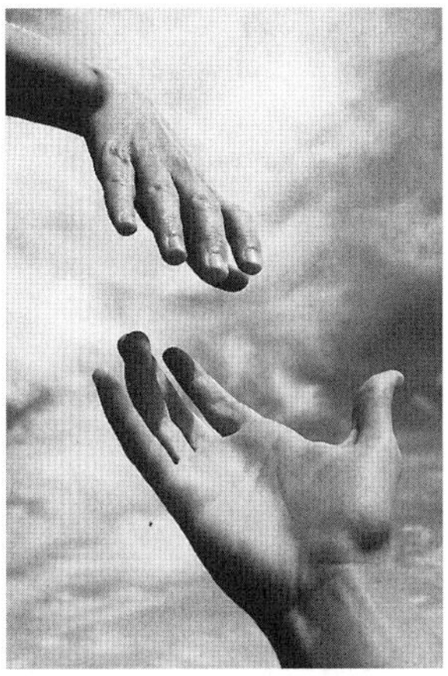

Zu Kapitel 4

14 Fülle die Lücken.

Recha ist, nachdem sie dem Tod nur knapp __________________ ist, ihrer Umwelt gegenüber viel aufmerksamer: Sie __________________, __________________ und hört sehr viel genauer als sonst und freut sich über das __________________ der Sonnenstrahlen auf ihrer Haut, vor denen sie sich sonst immer __________________. Sie ist richtiggehend __________________ darüber, dass sie sich ihrer Sinne so bewusst ist, denn sie sieht das Leben nun als ein __________________ an.

15 Fülle den Steckbrief über den Tempelritter anhand der Informationen aus Kapitel 4 aus.

Der Tempelritter

Gesicht

Haare

Religion

Mögliche Herkunft

Körper

Alter

Kleidung

Verhalten/Eigenschaften

16 Wie verhält sich Recha, als sie ihren Retter sieht? Kreuze an.

- ☐ Sie wirft sich ihm zu Füßen, dankt ihm und wünscht ihm Gottes Segen.
- ☐ Sie beobachtet ihn aus der Ferne und kann sich schließlich doch nicht durchringen, ihm zu danken, weil er ihr Angst einjagt.
- ☐ Sie ist voller Bewunderung und wie gelähmt, sodass sie plant, ihn zu sich nach Hause einladen zu lassen, um ihm dort im Beisein von Nathan und Daja zu danken.

Zu Kapitel 5

17 Der Tempelritter hat keine positive Sicht auf Jerusalem. Erkläre, weshalb.

____

____

____

18 Bringe die Vorgeschichte des Tempelritters bis zu seiner Begnadigung in die richtige Reihenfolge, indem du die Abschnitte nummerierst.

Nummer	Ereignis
	Helmfried wurde ebenfalls enthauptet.
	Die Kreuzfahrerheere hatten einen Waffenstillstand mit Saladin geschlossen.
	Der Sultan sah den Tempelritter an und wurde blass.
	Der Tempelritter und seine Gefährten trafen auf eine Gruppe anderer Tempelritter, die Saladins Truppen dennoch angreifen wollten, weil sie fürchteten, dass Saladin selbst einen Angriff plane.
	Saladin erklärte, der Tempelritter werde verschont, er könne sich frei bewegen und stehe unter seinem persönlichen Schutz.
	Die Tempelritter wurden besiegt, gefangen genommen und nach Jerusalem gebracht.
	Sie schlossen sich dieser Gruppe an und griffen Saladins Truppen an.
	Er wurde freigelassen.
	Die Tempelritter wurden auf das Nicken Saladins hin nacheinander geköpft.

19 Der Tempelritter und Daja haben Gemeinsamkeiten. Welche? Kreuze Zutreffendes an.

- ☐ Beide haben einen geliebten Menschen verloren.
- ☐ Beide haben keinen Ort zum Trauern und zum Beten, da es kein Grab ihrer Angehörigen gibt.
- ☐ Beide finden eine Anstellung bei Nathan.
- ☐ Beide hatten keine glückliche Kindheit.

20 Welche Beweggründe hatte der Tempelritter, Recha zu retten?

- ____
- ____

21 Der Tempelritter ist schockiert über das, was der Patriarch – ein Mann der Kirche – von ihm fordert. Was wird von ihm verlangt?

____

____

Zu Kapitel 6

22 Wer ist Assad, in welcher Beziehung steht er zu Saladin und was hat das mit der Begnadigung des Tempelritters zu tun?

23 Inwiefern bringt al-Hafi Nathan in Gefahr? Beziehe dich auf Seite 98.

Zu Kapitel 7

24 Wie reagiert der Tempelritter auf Nathans Dank? Kreuze an.

- ☐ Er nimmt den Dank freudig an, ebenso wie die Einladung zu Nathan nach Hause.
- ☐ Er weist Nathan zurück, denn er möchte, dass Recha ihm persönlich dankt.
- ☐ Er weist Nathan zurück, weil dieser ein Jude ist.
- ☐ Er lacht Nathan aus, weil dieser vor ihm auf die Knie gefallen ist.

25 Daja hält dem Tempelritter eine Standpauke wegen seines Benehmens. Was wirft sie ihm vor?

26 Was ist das Ergebnis des gemeinsamen Abends bezogen auf Nathan, den Tempelritter und Recha?

Schreibaufgabe

Möglicher Schreibanlass nach Kapitel 7 (Daja – Das Treffen mit dem Tempelritter):
„Der Tempelritter lehnte am Stamm des Maulbeerbaums und schaute uns nach. Ich hob die Hand und winkte. Ganz langsam hob auch er die Hand und winkte zurück.“ (S. 106) Verwirrt bleibt der Tempelritter zurück und denkt über das vorangegangene Gespräch nach.
Schreibe den inneren Monolog des Tempelritters.

Zu Kapitel 8

27 Die vier Freundinnen Recha, Lea, Ruthie und Schoschi, die früher immer zusammen waren, leben nun in ganz unterschiedlichen Welten. Fülle die Tabelle mithilfe der Informationen aus Kapitel 8 aus.

	Recha	Lea	Ruthie	Schoschi
Wohnort?				
Verheiratet?				
Kinder?				

28 Recha macht sich zurecht und legt eine teure Kette an.
Welche Begründung liefert sie Daja dafür? Was könnte tatsächlich dahinterstecken?

Zu Kapitel 9

29 Der englische König unterbreitet Saladin durch dessen Bruder Melek das Angebot für ein Friedensabkommen. Wie soll dieses aussehen und welchen Nutzen hätten die beiden Parteien davon?

30 Der Hauptmann Abu Hassan ist offensichtlich ein grausamer Mann, der kein Mitgefühl mit anderen hat. Zitiere eine Textstelle, die diese Aussage belegt.

31 Kreuze Korrektes an: Am Ende des Kapitels 9 …

- [ ] plant Sittah, Nathan aus dem Weg räumen zu lassen, um an sein Vermögen zu kommen.
- [ ] möchte al-Hafi, der sich mit dem Sultan eng verbunden fühlt, noch einmal mit Nathan über die Leihgabe sprechen.
- [ ] plant Sittah, al-Hafis Ausflüchte hinsichtlich Nathans nicht zu akzeptieren und diesen in den Palast zu bestellen.

Zu Kapitel 10

32 Abu Hassan berichtet, er stehe hoch in Saladins Gunst. Der Hauptmann steht dem Sultan jedoch kritisch gegenüber. Was gefällt Abu Hassan an Saladin nicht? Ergänze die Satzanfänge.

a Saladin zeigt Bereitschaft, mit den Feinden ______________________

b Saladin wäre bereit gewesen, seinen Bruder und seine Schwester ______________________

____

c Für Saladin zählen die Juden zu ______________________

____

d Nach einem Sieg erlaubt Saladin seinen Soldaten nicht, ______________________

e Nach der Rückeroberung Jerusalems untersagte Saladin, die Grabeskirche ______________________

____

und erlaubte den Franken, jederzeit ______________________

f Die Anhänger Saladins durften nach der Rückeroberung Jerusalems nicht ______________________

______________________,

die Franken durften stattdessen ______________________

____

g Saladin gestattet es, dass Juden in Jerusalem ______________________

33 Abu Hassan möchte, dass der Sultan abgelöst wird. Was tut er dafür? Kreuze an.

- [ ] Er plant ein Attentat gegen Saladin, weil das die einfachste Lösung ist.
- [ ] Er hat sich einer Gruppe Verbündeter gegen Saladin angeschlossen.
- [ ] Er möchte auswandern und sich einem anderen Herrn anschließen.
- [ ] Er möchte Saladins Bruder Melek dazu bringen, seinen Bruder abzulösen.

34 Inwiefern hält sich Saladin laut Abu Hassan nicht an das, was der Prophet Mohammed gesagt hat?

____

____

____

Zu Kapitel 11

35 Der Tempelritter hat sich in Recha verliebt. Woran merkt man das?
Zitiere die entsprechenden Textstellen.

Zitat 1	
Zitat 2	
Zitat 3	
Zitat 4	

36 Welche Gründe führt der Tempelritter an, die einer Zukunft mit Recha im Wege stehen?

37 Auf Seite 145 erwähnt der Tempelritter, wie er zu Nathan steht. Zitiere die Textstelle.

38 Sind folgende Aussagen wahr oder falsch? Kreuze an. Verbessere falsche Aussagen.

Aussage	richtig	falsch	Berichtigung
a Der Tempelritter wurde in seiner Kindheit schlecht behandelt.	☐	☐	
b Er erhielt als Preis für seinen Sieg bei einem Knabenturnier einen Kurzsäbel.	☐	☐	

c Seine Familie verhielt sich ihm gegenüber immer seltsam.	☐	☐	
d Er wurde auf Burg Stauffen zum Ritter ausgebildet.	☐	☐	
e Sein Vater heißt Konrad von Stauffen, seine Mutter ist nicht bekannt.	☐	☐	
f Er schloss sich den Kreuzzügen an, um seinen Onkel zu beeindrucken.	☐	☐	

39 In welchen Bereichen wurde der Tempelritter bei seiner Erziehung zum Ritter ausgebildet? Liste auf.

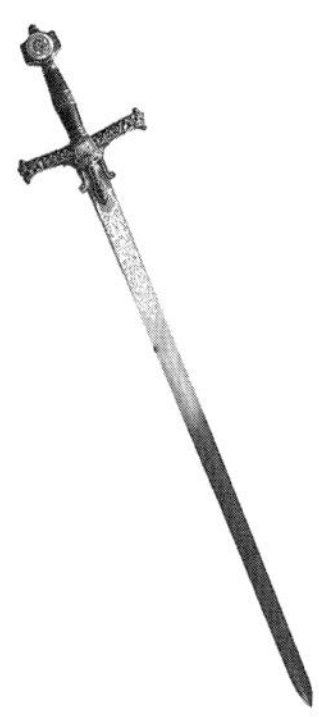

40 Seine Mutter sagte seinem Onkel damals, wie er heiße. Welchen Namen nannte sie?

Zu Kapitel 12

41 Nathan ist besorgt, als er zu Saladin bestellt wird. Woran merkt man das? Zitiere passende Textstellen aus Kapitel 12 (vor Beginn des Gesprächs).

Zitat 1	
Zitat 2	
Zitat 3	

42 „Nein, Jude, mich quält eine Frage, die mir in dieser Stadt die wichtigste zu sein scheint. Und da du im Ruf stehst, so weise zu sein, hoffe ich, dass du sie mir beantworten kannst."

a Welche Frage stellt Saladin Nathan an dieser Stelle? Zitiere.

____

____

b Wie reagiert Nathan auf die erste an ihn gerichtete Frage? Wie reagiert al-Hafi, welche Gedanken gehen ihm durch den Kopf?

Nathans (für Al-Hafi sichtbare) Reaktionen:

- ....

Al-Hafis Reaktionen:

- *ihm fährt der Schreck in die Glieder*
- ....
- *er fragt sich, was Saladin im Schilde führt*
- ....
- *er denkt, es handele sich um eine Fangfrage, um eine Falle*

- ....
- *seine Nasenflügel beben*
- ....

- *er denkt, dass dies kein Spiel unter gleichwertigen Partnern sei*
- ....
- ....
- *er ballt seine Hände so fest zu Fäusten, dass die Knöchel weiß hervortreten*

- *er öffnet nach einer Weile die Augen wieder*

c Saladins Verhalten und seine Reaktionen werden von al-Hafi mit siegessicheren Zügen eines Schachspiels verglichen. Wie verhält sich Saladin Nathan gegenüber?
Verbinde die folgenden Aussagen zu vollständigen, korrekten Sätzen.

Al-Hafi kennt Saladins spitzbübisches, hinterhältiges Lächeln aus der gemeinsamen Kindheit und weiß,	dass er, wenn er doch (scheinbar) so weise ist, eine so einfache Frage beantworten können müsste.
Mit einem spitzbübischen, hinterhältigen Lächeln sagt Saladin Nathan,	deshalb kann er Nathan eine Denkpause einräumen.
Mit seiner Frage fordert Saladin Nathan auf,	dass Saladin wieder etwas ausgeheckt hat.
Saladin ist sich seiner Sache recht sicher,	sich auf den scheinbar spielerischen Kampf einzulassen.

43 Während Nathan über seine Antwort auf die Frage Saladins nachdenkt, sorgt sich al-Hafi um ihn. Welche Aussagen zeigen al-Hafis Verbundenheit mit Nathan bzw. seine Solidarität? Zitiere.

Zitat 1	
Zitat 2	
Zitat 3	

info

Gleichnis

Eine Form von (biblischer) Erzählung, die einen theoretischen Sachverhalt bildhaft darstellt, ohne den Kern der Sache oder die eigentliche Aussage direkt zu nennen. So gibt es schlussendlich die Ebene des Gesagten und die des Gemeinten. Ein Gleichnis macht es notwendig, vom Zuhörer selbst ausgelegt bzw. gedeutet zu werden.

Schreibaufgabe

Nathan bittet Saladin darum, seine Antwort in Form eines Gleichnisses erzählen zu dürfen. Fasse den Inhalt des Gleichnisses (S. 160–163) in eigenen Worten zusammen bzw. erzähle es nach. So könntest du beginnen: *In Nathans Gleichnis geht es um einen Mann, der vor vielen Jahren lebte und einen Ring von unschätzbarem Wert besaß …*

44 Beantworte folgende Fragen, indem du die richtige Antwortmöglichkeit ankreuzt.

a Warum stellt Saladin Nathan die Frage nach der für ihn wahren Religion?

- ☐ Saladin beschäftigt sich schon lange mit der Frage, welche Religion die wahre sei. Er weiß, dass Nathan ein weiser Mann ist, und erwartet die richtige Antwort von ihm.
- ☐ Saladin möchte endlich Frieden. Da er ein vielbeschäftigter Herrscher ist, möchte er von einem klugen Mann erfahren, welche Religion in seinem Reich herrschen soll.
- ☐ Saladin stellt Nathan mit dieser Frage eine Falle. Wenn er sich aus Vernunft und Überlegung für das Judentum entschieden hat, dann muss er den Islam für falsch halten. Hält er den Islam für richtig, stellt sich die Frage, warum er nicht konvertiert ist.
- ☐ Saladin möchte Nathan als Geldgeber gewinnen. Er möchte ihm deshalb das Gefühl geben, dass er ihn für sehr weise hält, und ihm schmeicheln.

b Weshalb antwortet Nathan nicht direkt auf die Frage, sondern bedient sich einer Geschichte, der Ringparabel?

- ☐ Nathan war schon immer ein Geschichtenerzähler. Er bedient sich häufig der Geschichten des Alten Testaments, die in bildlicher Sprache Antworten auf grundsätzliche Fragen geben. Der Sultan soll unterhalten werden.
- ☐ Nathan möchte mit seiner Parabel Zeit gewinnen, um einen Ausweg aus der Falle zu finden, in der er sich zu befinden glaubt.
- ☐ Nathan möchte zum Ausdruck bringen, dass einer der Ringe die richtige Religion symbolisiert, aber niemand mehr sagen kann, welche es ist.
- ☐ Nathan umgeht mit seiner Parabel eine direkte Antwort und gibt trotzdem eine, nämlich die, dass seiner Meinung nach alle drei Religionen gleichberechtigt nebeneinander stehen.

c Welche Symbolik kann man in der Ringparabel erkennen?

- ☐ Der Vater steht für Gott. Die drei Ringe symbolisieren die drei großen Religionen. Alle drei Ringe stammen vom Vater, also sind alle drei Religionen gleichberechtigt. Der Richter steht in diesem Fall für Nathan, der als Aufklärer tätig ist.
- ☐ Nur ein Sohn erhält tatsächlich den echten Ring des Vaters, so ist also nur eine der Religionen die tatsächlich richtige. Welche es ist, bleibt aber im Verborgenen.
- ☐ Die drei Söhne sind Vertreter der drei Religionen. Alle Söhne werden vom Vater gleichermaßen geliebt, alle Religionen stehen also im gleichen Verhältnis zu Gott.
- ☐ Gott liebt alle Menschen in gleicher Weise, egal welcher Religion sie angehören.

45 Al-Hafi verfolgt das Geschehen rund um Nathans Erzählung und vergleicht es immer wieder mit den Zügen in einem Schachspiel.
Welche Vergleiche zieht er? Zitiere aus dem Text (ab S. 156).

„Die Dame hatte sich einen strategisch günstigen Platz am Rand des Spielfelds gesucht." (S. 156) 1	*„Er hat das Spiel eröffnet, dachte ich, das war der erste Schachzug."* (S. 156) 2	………… 3	*„Bis jetzt waren das nur sinnlose Bauernopfer, sonst nichts."* (S. 157) 4
………… 5	………… 6	*„Noch ein Bauernopfer, das Saladin aber nicht annahm."* (S. 158) 7	………… 8
„Er hat zur Rochade gegriffen, dachte ich, er hofft, damit seinen König vor einem direkten Angriff zu schützen." (S. 159) 9	*„Er war klug, mein Freund, er war ein ausgezeichneter Schachspieler […]. Für mein Gefühl war die Partie bereits entschieden, bevor der Kampf wirklich begonnen hatte."* (S. 159 f.) 10	………… 11	………… 12
………… 13	………… 14	………… 15	………… 16
„Saladins König ging ein Feld nach links." (S. 164) 17	*„Der Dame blieb kein Zug, sie konnte nicht mehr eingreifen. […] Schach und matt."* (S. 164) 18	………… 19	*„ ‚Du irrst dich, mein Freund. Es war kein Sieg, es war höchstens ein Remis.' "* (S. 166) 20

info

Schach: Rochade, Remis

Rochade nennt man den einzigen Doppelzug im Schachspiel, der nach den Regeln erlaubt ist. Bei der Rochade werden zwei Figuren (König und Turm) einer Farbe gleichzeitig bewegt. Indem ein Spieler die Rochade ausführt bzw. rochiert, verfolgt er das Ziel, den König in eine sichere Position zu bringen. Die Rochade darf von jedem Spieler pro Partie nur einmal ausgeführt werden; ihre Zulässigkeit ist an eine Reihe von Bedingungen geknüpft. In übertragener Bedeutung wird der Begriff häufig für überraschende Positionswechsel verwendet, z. B. in der Arbeitswelt oder der Politik („Personalrochade"). **Remis** kommt vom französischen Verb *remettre*, was soviel bedeutet wie „zurücklegen" oder „zurückstellen", und meint den unentschiedenen Ausgang eines Schachspiels bzw. sportlichen Wettkampfs im Allgemeinen.

46 Saladin zeigt Nathan auf, worin sich seiner Meinung nach die drei Religionen unterscheiden. Nathan erwidert, dass die Gebete, Speisevorschriften und Traditionen nur Überlieferungen seien. Worin sieht Nathan die entscheidenden Gemeinsamkeiten? Zitiere.

____

____

____

47 „Nathan, man nennt dich wahrlich nicht umsonst den Weisen" […]. (S. 162)

a Was veranlasst Saladin zu dieser Aussage? Welche von Nathans Erklärungen zur Wahrheit leuchtet ihm ein? Beschreibe.

b „Vielleicht, großer Sultan, bist du ja dieser versprochene weisere Richter …" (S. 164) Welchen geschickten „Schachzug" macht Nathan an dieser Stelle? Erkläre.

c „Nathan, dachte ich, du hast gewonnen, aber es ist ein gefährlicher Sieg." (S. 164) Al-Hafi fürchtet, der Sultan könnte sich besiegt oder überlistet fühlen. Wie gelingt es Nathan aber, dem Sultan doch noch sein eigentliches Anliegen zu erfüllen?

48 Welche der folgenden Aussagen sind richtig? Streiche Falsches durch, hake Richtiges ab.

- ☐ Nathans Haus ist laut Saladin hoch verschuldet.
- ☐ Nathan will Saladins Feinden ebenfalls mit Geld aushelfen.
- ☐ Nathan sagt, er schulde niemandem außer dem jungen Tempelritter etwas.
- ☐ Nathan möchte dem jungen Tempelritter Geld geben.
- ☐ Nathan sagt, er fühle sich dem Sultan gegenüber zu ewigem Dank verpflichtet.
- ☐ Da Saladin den Tempelritter verschont hat, konnte dieser Recha aus den Flammen retten.
- ☐ Nathan nennt Saladin den Namen des Tempelritters.
- ☐ Saladin hat Nathans Gleichnis begriffen und bezieht sich bei der Verabschiedung darauf. Er erkennt, dass sowohl Nathan als auch er „Söhne" sind, die dem „Vater" zeigen können, dass sie des Ringes würdig sind.
- ☐ Nathan bietet Saladin an, Freunde zu sein und sich dementsprechend zu verabschieden.
- ☐ Saladin bietet Nathan seine Freundschaft an.

49 Ergänze Nathans Aussage.

Ich habe einen Traum, ...

....

....

Ich habe einen Traum, ...

....

....

Ich habe einen Traum, ...

....

....

Zu Kapitel 13

50 Daja liebt den Markt. Fasse die Eindrücke, die sie dort wahrnimmt, kurz zusammen.

51 Dajas Wahrnehmung verändert sich plötzlich. Sie bekommt auf einmal starkes Heimweh nach Deutschland. Was vermisst sie in Jerusalem? Zähle auf.

52 Welchen eigennützigen Grund für eine Heirat zwischen Recha und dem Tempelritter nennt Daja?

53 Obwohl sie es hinterher bereut, verrät Daja dem Tempelritter Nathans Geheimnis.
Welches Geheimnis hat er?

Schreibaufgabe

Möglicher Schreibanlass nach Kapitel 13 (Daja – Verrat an Nathan):
„Ich hörte die unterdrückte Erregung in seiner Stimme, als er fragte: ‚Ist sie schon jemandem versprochen?' […] Eine Weile blieb es still zwischen uns […].“ (S. 174) Welche Gedanken gehen dem Tempelritter wohl an dieser Stelle durch den Kopf?
Verfasse den inneren Monolog.

Zu Kapitel 14

54 Der Tempelritter sieht eine Gemeinsamkeit zwischen Nathan und seinem Onkel. Es gibt aber auch einen entscheidenden Unterschied. Notiere.

55 Lies dir das Gespräch des Tempelritters mit dem Patriarchen nochmals durch (S. 183–188). Welche Charaktereigenschaften des Patriarchen kannst du aus seinen Handlungen ableiten?

Handlung	Eigenschaften
Der Patriarch ist so lange freundlich zu dem Tempelritter, bis er erfährt, dass dieser ihm keine Informationen über den Sultan zukommen lassen will.	
Er sagt, er verstehe den Tempelritter, erklärt ihm aber mit beschwörender Stimme, dass die Ehre Gottes wichtiger sei als die Ehre eines Ritters.	
Der Patriarch erklärt, dass das Erziehen einer Christin im jüdischen Glauben ein Verbrechen sei, das mit dem Tod bestraft werden müsse. Das Mädchen solle besser tot sein als „ihrem Glauben entfremdet“.	
Der Patriarch merkt, dass der Tempelritter lügt, und fragt immer wieder nach dem Namen des Juden.	

56 Wen möchte der Tempelritter schließlich um Hilfe für Nathan bitten?

Schreibaufgabe

Möglicher Schreibanlass nach Kapitel 14 (Tempelritter – Gespräch mit dem Patriarchen):
„Nur einer kann mir jetzt noch helfen, dachte ich. Nur der Sultan besitzt die Macht, das Unheil abzuwenden. [...] Ich werde zu ihm gehen, ihm die ganze Geschichte erzählen und ihn bitten, mir zu helfen und Nathan vor der Rache des Patriarchen zu schützen." (S. 190)
Beim Sultan angekommen, bittet dieser den Tempelritter um einen ausführlichen Bericht. Der Tempelritter erzählt davon, wie sich seine Meinung über Juden verändert hat, schildert, in welcher Gefahr Nathan schwebt, und bittet den Sultan um Hilfe.
Schreibe dieses Gespräch.

Zu Kapitel 15

57 Verbinde die Satzanfänge mit den passenden Enden in der rechten Spalte.

Nathan, Recha, Geschem, Jakob und Elijahu	sei fast so schlimm wie keinen zu haben.
Geschem erklärt, zwei Namen zu haben	wer er ist.
Elijahu kümmert sich um Geschem und dieser	entscheidet er sich für den hebräischen Namen, Geschem Ben Abraham.
Weil er spürt, dass er zu Elijahu gehört,	reisen auf Kamelen nach Jericho.
Er weiß immer noch nicht,	empfindet tiefe Dankbarkeit für ihn.

Zu Kapitel 16

58 Sind folgende Aussagen wahr oder falsch? Kreuze an. Verbessere falsche Aussagen.

Aussage	richtig	falsch	Berichtigung
a Daja erklärt Recha, dass Nathan nicht ihr Vater ist und dass sie dies auch dem Tempelritter gesagt hat.	☐	☐	
b Rechas Mutter, eine Fremde, lag im Sterben und hat Recha als Säugling einem Mönch gegeben, der sie zu Nathan bringen sollte.	☐	☐	

c	Nathan hat Daja dieses Geheimnis erzählt und sie gebeten, es niemandem zu verraten.	☐	☐	
d	Recha reagiert auf diese Informationen schockiert und gerät in einen heftigen Streit mit Daja.	☐	☐	
e	Daja erklärt ihr, aus welchen Gründen sie dem Tempelritter das Geheimnis verraten hat.	☐	☐	
f	Nathan hat immer ausweichend reagiert, wenn Recha ihn nach ihrer Mutter gefragt hat.	☐	☐	
g	Recha sieht das Glück im Unglück: Sie freut sich, dass sie den Tempelritter nun vielleicht doch heiraten kann.	☐	☐	
h	Auch wenn sie tatsächlich eine Christin sein sollte, fühlt sich Recha als Jüdin.	☐	☐	
i	Im Gespräch mit Geschem erkennt Recha, dass es Glück für sie war, dass Nathan sie aufgezogen hat.	☐	☐	
j	Sie beschließt, ihrem Vater gegenüber so zu tun, als ob sie von dem Ganzen nichts wüsste.	☐	☐	

59 Nachdem sie die Wahrheit über ihre Herkunft erfahren hat, denkt Recha über ihre Beziehung zu Daja: „Früher hätte ich mich in Dajas Arme geworfen und geweint […]. Aber das ging jetzt nicht mehr, das war vorbei, für immer vorbei.“ (S. 207 f.)
Versetze dich in Rechas Lage. Was meint sie damit? Verstehst du sie?

Zu Kapitel 17

60 Nathan ist guter Dinge, doch Elijahu hat schon dunkle Vorahnungen, bevor sie den Palast verlassen. Suche diese beiden Stellen im Text und zitiere.

- ______________________________
- ______________________________

61 Wer ist wohl für den Mord an Nathan verantwortlich? Mehrere Personen kommen infrage. Finde Hinweise und begründe deinen Verdacht. Verantwortlich ist/sind ...

- Abu Hassan, denn ...
- der Patriarch, denn ...
- fremde Räuber, denn ...

62 Elijahu spricht vor dem Überfall mit Nathan über etwas Persönliches. Worum geht es?

____

____

Zu Kapitel 18

63 Das Gespräch zwischen Nathan und Recha hat vor seinem Tod noch stattgefunden. Was erfährt man über Rechas Mutter und Nathans Verhältnis zu ihr? Kreuze Zutreffendes an.

- ☐ Nathan hatte mit der Fremden eine Affäre und ist vermutlich doch Rechas Vater.
- ☐ Nathan erklärt Recha, dass er auf keinen Fall ihr leiblicher Vater ist.
- ☐ Weder der Mönch noch Nathan kannten den Namen der Frau.
- ☐ Nathan weiß nicht, weshalb sie Recha zu ihm hat bringen lassen.
- ☐ Rechas Mutter sagte dem Mönch, sie habe von Nathans Wohltaten gehört und wolle deshalb, dass ihre Tochter zu ihm komme.
- ☐ Rechas Mutter hat ihr den Namen gegeben, den Nathan dann weitergeführt hat.
- ☐ Nathan hat ihr den Namen gegeben, den seine verstorbene Frau immer für eine Tochter vorgesehen hatte.

64 Recha sagt, durch das Gespräch sei Nathan wieder zu ihrem Vater geworden. Erkläre.

____

____

____

____

____

____

65 Der Tempelritter spricht von Rache. Was meint Recha dazu?

____

____

____

____

Schreibaufgabe

Möglicher Schreibanlass nach Kapitel 18 (Recha – Leben ohne Nathan):
„‚Al-Hafi', sagte ich, ‚ich werde eines Tages einen Sohn haben. Ich werde ihn Nathan nennen, und ich werde ihn lehren, dass es nichts Größeres auf dieser Welt gibt als Liebe und Barmherzigkeit.'" (S. 243)
Jahre später spricht Recha zu ihrem Sohn Nathan: „Du fragst mich, in welcher Religion unsere Familie zu Hause ist? Es ist an der Zeit, dir von deinem Großvater zu erzählen. In Jerusalem nannte man ihn Nathan den Weisen. Seine Toleranz und Hilfsbereitschaft hat ihm sogar den Sultan zum Freund gemacht."
Schreibe dieses Erzählung.

Zusammenhänge innerhalb der Handlung erkennen

1 „Ich frage mich manchmal, was uns zu Menschen macht." (S. 54) – Die verschiedenen Charaktere des Romans machen die Erfahrung, dass das Leben ein Geben und Nehmen ist, dass Schicksalsschläge das Leben verändern, dass man aber auch von anderer, oft unerwarteter Seite wieder Hilfe und Zuwendung erfahren kann.

TEST

a Suche im Roman nach Textstellen, die Auskunft über Schicksalsschläge der jeweiligen Figur enthalten. Kläre, welcher Schicksalsschlag wem zuteilwurde und durch wen oder was dieser verursacht wurde. Trage deine Ergebnisse in die Tabelle ein.

Name der Figur	Schicksalsschlag / Schicksalsschläge	„Verursacher"
	Seine Frau und seine sieben Söhne kommen bei einem Brand, der mutwillig gelegt wurde, ums Leben. Er verliert sein Hab und Gut.	
	Er erleidet bei einem Brand schwere Verletzungen, ist heimat- und obdachlos, hat keinen Namen, kennt seine Herkunft und seine Religion nicht.	
	Sie weiß lange Zeit nichts von ihrer wirklichen Herkunft und denkt, dass Nathan ihr Vater ist.	
	Sie erfährt, dass ihr geliebter Nathan nicht ihr richtiger Vater ist.	
	Ihr Ziehvater Nathan stirbt und sie wird zur Waise.	
	Nach dem Tod der Eltern wächst sie in einem strengen und gefühlskalten Haushalt auf.	
	Ihr geliebter Mann Gisbert wird ermordet.	
	Er hat eine schwere Kindheit, weil er nicht bei seinen leiblichen Eltern aufwächst.	
	Er verliert seinen väterlichen Freund Helmfried.	

b „Das Rad der Zeit dreht sich, so ist der Lauf der Welt. Mal wird einem eine Hand hingehalten, ein andermal streckt man selbst die Hand aus.“ (S. 54)
Welche Figuren erfahren folgende Unterstützung und von wem? Ergänze die Tabelle.

Name der Figur	Hilfe / Unterstützung, die der Figur zuteilwird	Helfer
	Nach dem Tod seiner Familie wird er in das Haus seines Freundes aufgenommen. Mit dessen Hilfe gelingt es ihm, trotz der Trauer weiterzuleben.	
	Er wird als krankes Straßenkind mitgenommen, gesund gepflegt und darf in Nathans Haus bleiben.	
	Ihm wird Interesse an seiner Person entgegengebracht, er bekommt einen Namen und eine Ausbildung.	
	Sie wird als Baby adoptiert und wächst in sehr guten Verhältnissen auf.	
	Sie muss die Fürsorge einer Mutter nicht missen.	
	Sie wird aus den Flammen gerettet.	
	Sie wird vor Obdachlosigkeit und Armut gerettet, erhält eine gute Anstellung und wird geachtet.	
	Sie erhält sowohl die Liebe eines Kindes als auch die eines Mannes.	
	Er findet einen väterlichen Freund.	
	Er wird als einziger der Gefangenen begnadigt.	
	Er wird davon überzeugt, dass die Religion eines Menschen nichts über dessen Menschlichkeit aussagt.	
	Er bekommt einen Eindruck vom Toleranzgedanken eines weisen Mannes und gewinnt einen Freund.	
	Er lässt sich davon überzeugen, dass die drei (rivalisierenden) Religionen gleichberechtigt nebeneinanderstehen sollten.	

M6: „Nathan und seine Kinder“ – „Nathan der Weise“: Vergleich zwischen Presslers Roman und Lessings Drama

Ich habe mich so weit wie möglich an Lessings Vorgabe gehalten, schon um ihm meine Reverenz (Anerkennung, Hochachtung) zu erweisen. Nur wo mir die Handlung zu fantastisch und nicht mehr logisch erschien, habe ich mir erlaubt, sie zu verändern und so weiterzutreiben, wie sie meines Erachtens eher hätte ablaufen können. Dennoch soll mein Buch keineswegs ein Gegentext zu Lessing sein. Nur eine Variation.

Quelle: Mirjam Pressler im Nachwort zu „Nathan und seine Kinder“. Weinheim/Basel: Beltz & Gelberg 2011.

Büste des Schriftstellers vor dem Lessing-Museum in Kamenz. Auf dem Türstein über dem Eingang sind die drei Ringe der Ringparabel zu sehen.

Gotthold Ephraim Lessing (1729–1781)

Gotthold Ephraim Lessing wurde am 22. Januar 1729 als Sohn eines Pastors in Kamenz in der Nähe von Dresden geboren. Nach dem Besuch der örtlichen Lateinschule und der Fürstenschule St. Afra in Meißen studierte er ab 1746 Theologie in Leipzig. Das Studium brach er ein Jahr später ab, denn im Mittelpunkt seines Lebens standen schon zu dieser Zeit das Theater und die Literatur. 1748 verließ er Leipzig und schrieb sich in Wittenberg für das Studium der Medizin ein, beschloss aber noch im selben Jahr, als freier Schriftsteller in Berlin zu leben. Seinen Lebensunterhalt bestritt er durch Übersetzungen und journalistische Arbeiten. Aber auch auf literarischem Gebiet war er produktiv, er verfasste Fabeln, Erzählungen und Dramen. 1755 entstand sein erstes bedeutendes Drama *Miß Sara Sampson*. 1767 erhielt er eine Anstellung als Dramaturg am Deutschen Nationaltheater in Hamburg. Gleichzeitig war er schriftstellerisch tätig, sein Lustspiel *Minna von Barnhelm* wurde in diesem Jahr uraufgeführt.

1770 trat er eine Stelle als Bibliothekar in Wolfenbüttel an, wo er das berühmte Trauerspiel *Emilia Galotti* (1772) verfasste. Lessing starb am 15. Februar 1781.

In seinen letzten Lebensjahren stürzte er sich in eine Kontroverse über theologische Fragen mit dem Hamburger Hauptpastor Melchior Goeze. Lessing übte Kritik an der bisherigen Bibelauslegung und trat für einen aufgeklärten Glauben ein. Als Reaktion auf ein Publikationsverbot und als literarische Antwort auf die Engstirnigkeit Goezes schrieb Lessing das Schauspiel *Nathan der Weise* (1778/79) – ein Plädoyer für Toleranz. Es ist das wohl bekannteste Drama aus der Epoche der Aufklärung und wird bis heute regelmäßig aufgeführt.

Die Epoche der Aufklärung

Mit dem Epochen-Begriff „Aufklärung“ werden verschiedene philosophische und literarische Strömungen im Europa des 18. Jahrhunderts bezeichnet. Die Aufklärung veränderte das Bewusstsein des einzelnen Menschen ebenso wie die politischen Strukturen. Sie löste ein altes, von religiösen Vorstellungen bestimmtes Weltbild durch ein neues, naturwissenschaftlich geprägtes ab. Die Aufklärung ging außerdem mit der Kritik am Absolutismus und an der Ständegesellschaft einher. Die wichtigsten Ideen und Ideale der Aufklärung waren der Glaube an den Fortschritt der Menschheit durch Vernunft sowie die Idee der Gleichheit aller Menschen. Lessings Werk *Nathan der Weise* macht sich insbesondere für Toleranz und Menschlichkeit stark und tritt mit seinem Herzstück, der „Ringparabel“, für eine Versöhnung der Religionen miteinander ein.

Das „dramatische Gedicht“ „Nathan der Weise“

Nathan der Weise ist in fünf Aufzüge gegliedert (siehe Grafik), wie es später im Drama der Klassik zur Regel wurde. Lessing verlegt die Handlung des Stücks in die Vergangenheit; der historisch ferne Hintergrund dient jedoch vor allem dazu, Themen der damaligen Zeit offener behandeln zu können und mehr Spielraum für Kritik an herrschenden Zuständen zu haben. Da sich das Stück vor allem auf die Toleranzidee konzentriert, die in der Ringparabel pointiert formuliert wird, gibt es nur eine geringe äußere, aber eine reiche innere Handlung. Es findet eine Entwicklung der Charaktere statt, mit dem Ziel, ein neues Menschenbild im Sinne der Aufklärung zu vermitteln und die Zuschauer zu erziehen, indem sie sich mit den Bühnenfiguren identifizieren können.

Nathan der Weise ist im sogenannten Blankvers (5-füßiger Jambus, ungereimt) verfasst. Dieses Versmaß wurde daraufhin im deutschen Drama der Klassik außerordentlich beliebt.

Struktur des Dramas

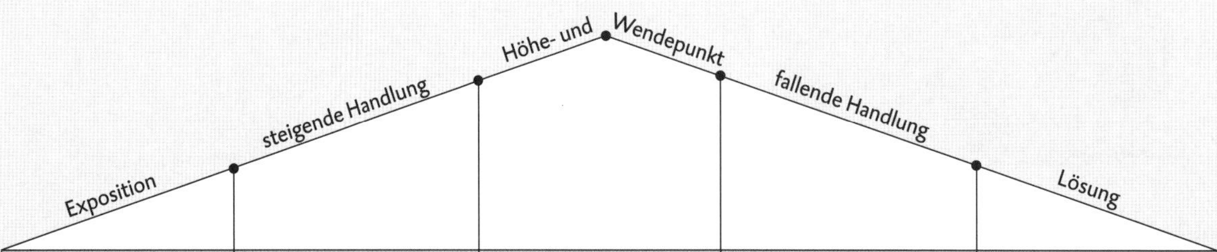

1. Aufzug	2. Aufzug	3. Aufzug	4. Aufzug	5. Aufzug
Vorstellung des Ortes, der Zeit, der wesentlichen Personen und Konfliktthemen	Steigerung der Verwicklungen und der Spannung	Ausbruch der Konflikte, entscheidende Auseinandersetzungen	Abfall der Spannung, Verzögerung der Handlung	Auflösung der Ereignisse, Katastrophe oder harmonischer Schluss
• Vorgeschichte: Rechas Rettung; Begnadigung des Tempelherrn • Finanznot Saladins • Judenfeindlichkeit des Tempelherrn	• Nathan als Geldgeber Saladins? • Nathan und der Tempelherr schließen Freundschaft	• Tempelherr verliebt sich in Recha • Falle des Sultans: Nathan antwortet mit der Ringparabel • Nathan widersetzt sich Heirat Rechas mit dem Tempelherrn • Daja verrät dem Tempelherrn Rechas Herkunft	• Tempelherr sucht Rat beim Patriarchen • Saladin verteidigt Nathan; vermutet, dass Tempelherr Assads Sohn sein könnte • Recha erfährt von ihrer Herkunft	• Zusammenführung der Familie: Tempelherr und Recha sind Geschwister, ihr Vater ist Assad, Saladins Bruder

Inhalt des Dramas „Nathan der Weise“ in Kürze

Der jüdische Kaufmann Nathan erfährt, dass bei einem Brand in seinem Haus seine Tochter Recha fast ums Leben gekommen wäre, sie aber ein christlicher Tempelherr aus den Flammen gerettet hat. Dieser wurde als einziger der nach einer Schlacht gefangenen Tempelritter von Sultan Saladin begnadigt, weil er dessen verschollenem Bruder ähnlich sieht.

Die Finanznot des Sultans bringt diesen auf Nathan, der ihm Geld leihen soll. Sittah, die Schwester Saladins, hat die Idee, Nathan eine Falle zu stellen und anschließend das Geld zu erpressen.

Der Tempelherr hat inzwischen erfahren, dass Nathan nach dem gewaltsamen Tod seiner Frau und seiner sieben Söhne Recha adoptiert und diese, obwohl sie eigentlich Christin ist, im jüdischen Glauben aufgezogen hat. Da sich der Tempelherr in Recha verliebt hat, ist er empört, als Nathan die Heirat verbietet, ohne eine Begründung zu nennen. Gegenüber dem Patriarchen deutet er an, dass ein Jude ein christliches Kind als sein eigenes ausgebe. Dieser stellt aufgebracht Nachforschungen an.

Nathan antwortet auf die als Falle gedachte Frage des Sultans, welche die richtige Religion sei, mit der Ringparabel. Saladin ist von Nathans Weisheit beeindruckt und bietet ihm die Freundschaft an. Am Schluss der Handlung stellt sich heraus, dass Recha und der Tempelherr Geschwister sind. Der Vater der beiden ist der verschollene Bruder des Sultans Saladin. Ein christlicher Tempelherr und die Pflegetochter eines Juden sind also in Wahrheit Neffe und Nichte eines muslimischen Herrschers: Obwohl sie drei verschiedenen Religionen angehören, sind sie Mitglieder ein und derselben Familie. Der Tempelherr und Recha werden bei Saladin mit Freude aufgenommen und in die Familie eingebunden.

1 Welche Unterschiede zwischen Mirjam Presslers Romanhandlung und Lessings Original gibt es? Nutze hierzu deine Textkenntnis des Romans und die Inhaltsangabe (S. 36) des Dramas. Fülle die folgende Tabelle aus.

	Nathan der Weise (Lessing)	Nathan und seine Kinder (Pressler)
Erscheinungsjahr		
Textsorte		
Handlungsort		
Handlungszeit		
Figuren	• Nathan, ein reicher Jude • Recha, dessen Pflegetochter • Sultan Saladin • Sittah, dessen Schwester • Daja, eine Christin, Rechas Gesellschafterin • Ein junger Tempelherr • Ein Derwisch • Der Patriarch von Jerusalem • Ein Klosterbruder • Ein Emir	
Beziehung Tempelherr – Recha		
Erzählperspektive	Ein Drama hat eigentlich keine Erzählperspektive. Der dramatische Autor ist allwissend, aber er erzählt die Geschichte nicht selbst. Die Figuren sprechen in Dialogen oder Monologen.	
Schluss	„Happy-End“: Die wichtigsten Figuren gehören trotz unterschiedlicher Religion einer Familie an.	

2 Suche in Mirjam Presslers Nachbemerkungen zum Roman (S. 249–251) sowie im Interview mit ihr (M 5) Gründe, weshalb sie Lessings Original verändert hat. Notiere Stichpunkte.

D Selbsttest: Textkenntnis überprüfen

1 Wie gut kennst du die Figuren des Romans? Ordne zu, auf welche Figuren aus Mirjam Presslers Roman die Sätze zutreffen. Manchmal passen auch mehrere Namen.

TEST

Aussage	Figuren
Er / Sie gehört dem christlichen Glauben an.	
Er / Sie hat Geschem gerettet.	
Er / Sie hat seine Frau / ihren Mann durch einen gewaltsamen Tod verloren.	
Seiner / Ihrer Güte und Barmherzigkeit verdanken viele Menschen ihr Leben.	
Er ist der Vetter des Sultans und Nathans Freund.	
Er / Sie kennt seine / ihre Mutter nicht.	
Er war ein Bettelmönch und ist nun Schatzmeister des Sultans.	
Er ist ein Mann der Kirche und ist doch hartherzig und grausam.	
Er / Sie begeht aus Heimweh schweren Verrat an Nathan.	
Er / Sie könnte für den Mord an Nathan verantwortlich sein.	
Er / Sie hat einen geliebten Bruder verloren.	
Er / Sie gewinnt durch das Erzählen der Ringparabel einen mächtigen Freund.	
Er / Sie glaubt an den Gott der Liebe, nicht an den Gott der Rache.	
Er / Sie hat sich mit anderen verbündet, um den Sultan zu stürzen.	
Er / Sie ist das Kind einer Nebenfrau und somit Halbbruder / Halbschwester des Sultans.	
Er / Sie möchte alle Juden und Christen aus Jerusalem vertreiben.	
Er war 18 Jahre lang Nathans treuer Freund und Verwalter.	

2 In der folgenden Tabelle findest du Zusammenfassungen der einzelnen Kapitel des Buchs, die allerdings nicht chronologisch angeordnet sind. Ordne sie, indem du die Kapitelnummern und Seitenzahlen einträgst. Notiere außerdem, von welcher Figur das Kapitel erzählt wird.

Kapitel/Seite: Perspektive:	Recha lässt sich schließlich überzeugen, dass ihr Retter ein Mensch und kein Engel ist. Bei einem Spaziergang sieht sie den Tempelritter, der sich hilfsbereit einem alten Pilger zuwendet. Sie ist von ihm hingerissen und so beeindruckt, dass sie es nicht schafft, ihm sofort zu danken; deshalb plant sie, ihn zu sich einladen zu lassen, um dies mit Unterstützung von Daja und Nathan zu tun.
Kapitel/Seite: Perspektive:	Sittah hat al-Hafi befohlen, Nathan in den Palast zu bringen. Er warnt Nathan vor, dass es um Geld geht. Beim Gespräch geht der Sultan jedoch zunächst nicht darauf ein. Stattdessen fragt Saladin Nathan, welche der drei Religionen die wahre sei. Nathan antwortet mit dem Gleichnis der drei Ringe und erklärt die drei Religionen für gleichberechtigt. Er macht deutlich, dass alle drei ihr wichtigstes Element gemeinsam haben: den Glauben an Gott und sein Gebot, die Menschen zu lieben und Gutes zu tun. Saladin ist von Nathans Weisheit beeindruckt und bietet ihm die Freundschaft an. Nathan bittet von sich aus darum, dem Sultan Geld leihen zu dürfen, teilt aber nicht al-Hafis Freude über den guten Ausgang des Gesprächs. Er hält seinen Wunsch nach Frieden unter den Angehörigen aller Religionen für unwirklich.
Kapitel/Seite: Perspektive:	Geschem, ein behinderter Waisenjunge, der seit zwei Jahren bei dem reichen, jüdischen Händler Nathan lebt, erwacht aus seinem Mittagsschlaf und bemerkt, dass es brennt und dass sich Recha, Nathans Tochter, offenbar in dem brennenden Haus befindet. Geschem möchte sie retten, doch sein Körper gehorcht ihm nicht. Er wird bewusstlos, sieht aber noch, dass ein Tempelritter in die Flammen läuft. Der Sultan hat alle anderen Tempelritter umbringen lassen, aber diesen einen aus unbekannten Gründen verschont. Dieser rettet Recha nahezu unverletzt aus dem brennenden Haus. Nathan, der mit Reichtümern von einer Reise zurückgekehrt ist, unterhält sich später mit Geschem. Dieser erzählt ihm seine Lebensgeschichte und dass er keinen Namen hat, woraufhin ihm Nathan einen Namen gibt – Geschem.
Kapitel/Seite: Perspektive:	Recha ist verwirrt wegen ihrer Gefühle für den Tempelritter. Sie putzt sich heraus, für den Fall, ihn zu treffen. Sie besucht ihre Freundin Lea (enttäuscht, unterwegs nicht ihren Retter zu treffen) und möchte sich ihr gerne anvertrauen, erkennt aber, dass Lea mit ihren eigenen Sorgen so beschäftigt ist, dass sie das Thema doch nicht anspricht.
Kapitel/Seite: Perspektive:	Sittah, die Schwester des Sultans, denkt an den Friedensvorschlag des englischen Königs: Ihr Bruder Melek solle die Schwester des Königs und sie selbst einen Vetter heiraten und damit dem Krieg ein Ende setzen. Der König nimmt das Angebot jedoch zurück, weil seine Verwandten keine Muslime heiraten wollen, weswegen sich der Sultan und al-Hafi darin bestätigt fühlen, dass das Angebot nur eine List gewesen sei. Dem Sultan fehlen die finanziellen Mittel, um seine Feinde anzugreifen. Sittah plant, Nathan an den Hof zu bestellen und einzufordern, dass er Saladin Geld leiht. Sie ist erleichtert, keinen Engländer heiraten zu müssen, nicht nur wegen ihres heimlichen Geliebten.

Kapitel/Seite: Perspektive:	Elijahu berichtet von der Handelsreise und davon, wie er und Nathan die Rückkehr und die Angst um Recha erlebt haben. Er erinnert sich an Nathans Vergangenheit: Seine Frau und seine sieben Söhne kamen vor fast 18 Jahren bei einem Brand ums Leben, den Kreuzfahrer gelegt hatten. Wenige Tage darauf brachte ein Mönch Recha als Säugling zu Nathan, der dadurch wieder Lebensmut fand und nach Jerusalem zog. Nathan bedankt sich bei Elijahu für seine gute Tat an Geschem und schlägt vor, diesen besser ausbilden zu lassen. Elijahu soll sich um den Jungen kümmern.
Kapitel/Seite: Perspektive:	Der Tempelritter erkennt, dass er in Recha verliebt ist, sie aber wegen ihrer scheinbar unterschiedlichen Religion und seines Keuschheitsgelübdes nicht heiraten kann. Er erinnert sich an seine schwere Jugend als ausgegrenztes Familienmitglied auf Burg Stauffen und an seine umfassende Ausbildung zum Ritter. Erst nach seiner Ausbildung hat er erfahren, dass Konrad von Stauffen nicht sein Vater, sondern sein Onkel ist und dass seine Mutter ihn bei diesem zurückließ, um seinem Vater ins Heilige Land zu folgen. Der Tempelritter schloss sich den Kreuzzügen an, um Burg Stauffen verlassen zu können. Am Ende des Kapitels bittet ihn Daja um ein Treffen.
Kapitel/Seite: Perspektive:	Der Sultan hat seine Steuereinnahmen bekommen und Nathan und Elijahu sind im Palast, um Sittah Stoffe zu zeigen. Elijahu bemerkt, dass Abu Hassan, der Juden hasst, Nathan missgünstig beobachtet und sich flüsternd mit einem Krieger über Nathan unterhält, der daraufhin nickt und den Palast verlässt. Nathan, der in gelöster Stimmung ist, und Elijahu, der schon dunkle Vorahnungen hat, verlassen in der Nacht den Palast. Auf dem Heimweg werden sie von maskierten Männern überfallen, die Elijahu schwer verletzen und Nathan töten. Bevor Elijahu bewusstlos zusammenbricht, gelingt es ihm noch, Nathan nach Hause zu tragen.
Kapitel/Seite: Perspektive:	Al-Hafi, Nathans Freund und Schachpartner, erzählt Nathan, dass er Saladins Vetter und Schatzmeister ist. Er erinnert sich an seine Kindheit und daran, wie er in den Dienst Saladins kam. Durch ihn erfährt man auch, dass die Begnadigung des Tempelritters darin begründet lag, dass dieser dem geliebten, verschollenen Bruder Saladins, Assad, ähnlich sieht. Al-Hafi beobachtet im Palastgarten ein verdächtiges Treffen zwischen Saladins Bruder Melek und dem nach Ruhm strebenden Hauptmann Abu Hassan, beschließt aber, dem Sultan nichts davon zu erzählen. Da der Sultan Freunden gegenüber zu großzügig ist, sind die Staatskassen leer. Als al-Hafi dies Sittah, der jüngeren Schwester Saladins, erzählt, fordert diese, dass Nathan dem Sultan Geld leihen soll.

Kapitel/Seite: Perspektive:	Der Tempelritter sucht den Patriarchen auf, damit ihn dieser von seinem Keuschheitsgelübde befreit. Er fragt ihn, ob eine Christin, die im jüdischen Glauben erzogen wurde, dennoch eine Christin sei. Der Patriarch, der schon erzürnt ist, weil der Tempelritter nicht für ihn spioniert hat, glaubt nicht, dass diese Frage nur hypothetisch gemeint ist, und fordert den Namen des Juden, der die Christin aufgezogen habe. Dieser müsse, so der Patriarch, mit dem Tod für das Verbrechen bestraft werden. Der Tempelritter nennt den Namen nicht, erkennt aber, dass er Nathan in große Gefahr gebracht hat, und beschließt, den Sultan um Hilfe für Nathan zu bitten.
Kapitel/Seite: Perspektive:	Recha schläft in dieser Nacht (wie sie es früher oft getan hat) bei ihrer Erzieherin und Gesellschafterin Daja, einer deutschen Christin. Diese denkt an ihre eigene, unglückliche Kindheit bei ihrer Großmutter, die sie schließlich verlassen hat, um sich den Kreuzzügen anzuschließen. Sie ruft sich die Widrigkeiten und Grausamkeiten auf dem Weg nach Jerusalem in Erinnerung und denkt an Gisbert, den sie auf der Reise geheiratet hat und der kurz darauf getötet wurde. Wenig später hat Nathan sie als Erzieherin aufgenommen und seitdem lebt sie in seinem, wie sie schildert, prächtigen und luxuriösen Haus.
Kapitel/Seite: Perspektive:	Recha erfährt von Daja, dass Nathan nicht ihr Vater ist, sondern dass ihre Mutter, die im Sterben lag, einem Mönch sagte, er solle sie zu Nathan bringen. Verwirrt und unglücklich läuft sie ziellos durch die Straßen der Stadt. Bei einem Gespräch mit Geschem wird ihr klar, dass sie großes Glück hatte, bei Nathan als seine Tochter aufwachsen zu dürfen, und beschließt, mit ihm über ihre Herkunft zu sprechen.
Kapitel/Seite: Perspektive:	Der Tempelritter, Curd von Stauffen, erinnert sich bei einem Spaziergang daran, wie er mit seinen Gefährten nach einem Angriff auf Saladin gefangen genommen wurde. Alle anderen wurden hingerichtet, er selbst aber unter den persönlichen Schutz des Sultans gestellt. Den Grund für diese Begnadigung kennt er nicht. Auch an sein Gespräch mit dem Bischof, der ihn dazu aufforderte, Saladin auszuspionieren oder sogar zu töten, denkt er.
Kapitel/Seite: Perspektive:	Nathan und Daja begegnen zufällig dem Tempelritter. Nathan bedankt sich sofort überschwänglich für die Rettung seiner Tochter, doch der Tempelritter weist ihn zurück, er wolle nichts von einem Juden. Daja ist über seine Selbstgerechtigkeit und seinen Hochmut erzürnt und erinnert ihn an die christliche Nächstenliebe. Nathan greift beschwichtigend ein und verweist darauf, dass alle Menschen Gottes Geschöpfe seien. Beschämt nimmt der Tempelritter Nathans Einladung in sein Haus an. Am Abend schließen die beiden Freundschaft.
Kapitel/Seite: Perspektive:	Abu Hassan, ein Hauptmann Saladins, plant mit Verbündeten den Sturz des Sultans und hofft, dessen Bruder Melek an die Macht bringen zu können. Er ist unzufrieden über den freundschaftlichen Umgang Saladins mit Juden und Christen und verurteilt dessen Bestreben nach friedlicher Koexistenz der Religionen in Jerusalem. Abu Hassan erinnert sich daran, wie die Muslime im Jahr 1187 die Stadt Jerusalem zurückeroberten.

Kapitel/Seite: Perspektive:	Daja denkt über ihr Leben nach, das jetzt in Jerusalem so viel besser ist als in ihrer Kindheit in Deutschland. Dennoch bemerkt sie, dass sie starkes Heimweh hat. Sie möchte zurück nach Deutschland, jedoch nicht als arme Frau. Deshalb verrät sie dem Tempelritter, dass Recha nicht Nathans Tochter und eigentlich Christin ist, sodass einer Heirat der beiden aus ihrer Sicht nichts im Weg steht. Dann könnte sie mit dem jungen Paar zurückkehren. Zu spät bereut sie ihre Tat, sie hat Nathan bereits verraten.
Kapitel/Seite: Perspektive:	Nathan, Elijahu und Jakob reisen nach Jericho und nehmen Recha und Geschem mit. Dieser denkt zu Beginn der Reise darüber nach, dass er immer noch nicht weiß, wer er ist, und dass zwei Namen zu haben nicht viel besser sei, als keinen zu haben. Der Muslim Mussa zeigt ihm seine Stadt und Geschem zweifelt wieder an seiner Identität. Doch wegen seiner großen Zuneigung und Dankbarkeit gegenüber Elijahu entscheidet er sich schließlich für das Judentum und für den hebräischen Namen „Geschem Ben Abraham".
Kapitel/Seite: Perspektive:	Recha trauert um Nathan und erinnert sich an das Gespräch über ihre Herkunft, das sie mit ihm noch geführt hat, und daran, dass er dadurch wieder „zu ihrem Vater wurde". Viele Menschen zeigen Anteilnahme und helfen Recha. Der Tempelritter gesteht ihr seine Schuldgefühle und dass er denkt, der Patriarch sei für den Mord an Nathan verantwortlich. Elijahu, der erst nach einigen Tagen wieder ansprechbar ist, beschuldigt stattdessen Abu Hassan. Recha sinnt jedoch nicht auf Rache, sondern geht Nathans Weg der Liebe und Toleranz.

3 TEST Überprüfe, wie gut du dich im Roman *Nathan und seine Kinder* auskennst. In jeder Zeile ist nur eine der Aussagen zum Buchinhalt richtig. Notiere jeweils den Buchstaben der korrekten Antwort in der rechten Spalte.

	A	B	C	richtige Aussage
1	*Nathan und seine Kinder* spielt in Jerusalem kurz vor Beginn der Kreuzzüge um 1192.	*Nathan und seine Kinder* spielt in Jerusalem zur Zeit der Kreuzzüge um 1192.	*Nathan und seine Kinder* spielt in Jerusalem nach den Kreuzzügen um 1192.	
2	Daja ist Rechas Patentante und Erzieherin.	Daja ist Rechas beste Freundin und Cousine.	Daja ist Rechas Gesellschafterin und Erzieherin.	
3	Nathan hat Geschem gerettet und in sein Haus aufgenommen.	Daja hat Geschem gerettet und in Nathans Haus aufgenommen.	Elijahu hat Geschem gerettet und in Nathans Haus aufgenommen.	
4	Daja, die eigentlich aus Deutschland stammt, denkt mit Stolz an den Kreuzzug zurück.	Daja, die eigentlich aus Deutschland stammt, denkt mit Trauer an den Kreuzzug zurück.	Daja, die eigentlich aus Bulgarien stammt, denkt mit Entsetzen an den Kreuzzug zurück.	
5	Elijahu ist seit 18 Jahren Nathans Freund und Verwalter.	Elijahu ist seit 8 Jahren Nathans Freund und Verwalter.	Elijahu ist seit 28 Jahren Nathans Freund und Verwalter.	

6	Nathan war einmal verheiratet, doch seine Frau und seine Töchter starben auf dem Kreuzzug.	Nathan war verheiratet, doch seine Frau und seine Söhne wurden von Kreuzfahrern ermordet.	Nathan war einmal verheiratet, doch seine Frau und seine sieben Söhne starben bei einem Unfall.	
7	Für Nathan ist es die Nächstenliebe, die Gott den Menschen nahebringt.	Für Nathan ist es die strikte Einhaltung von Geboten, die den Menschen Gott nahebringt.	Für Nathan ist es die jüdische Religion, die Gott den Menschen nahebringt.	
8	Nathan wird von vielen Menschen um Rat gefragt, es sind allerdings nur Juden, die ihn aufsuchen.	Nathan wird von vielen Menschen um Rat gefragt und es sind nicht nur Juden, die ihn aufsuchen.	Nathan wird von vielen Menschen um Rat gefragt, es sind allerdings nie Juden, die ihn aufsuchen.	
9	Recha hält ihren Retter zunächst für einen Engel.	Recha hält ihren Retter zunächst für einen Tempelritter.	Recha hält ihren Retter zunächst für einen Sultan.	
10	Der Tempelritter wurde vom Sultan verschont, weil er ihm verblüffend ähnlich sieht und sein Sohn sein könnte.	Der Tempelritter wurde vom Sultan verschont, weil er dessen Schwester so ähnlich sieht.	Der Tempelritter wurde vom Sultan verschont, weil er dessen verschollenem Bruder ähnlich sieht.	
11	Der Tempelritter ist unter dem Namen Konrad von Stauffen bei seinem Onkel in Schwaben aufgewachsen.	Der Tempelritter, ein Deutscher, ist unter dem Namen Leu von Filnek bei seinem Onkel aufgewachsen.	Der Tempelritter ist unter dem Namen Curd von Stauffen bei seinem Onkel in Deutschland aufgewachsen.	
12	Al-Hafi, Nathans Freund, ist ein Derwisch, der gar nicht Schatzmeister werden wollte.	Al-Hafi, Nathans Freund, war eigentlich ein Derwisch, wollte aber Schatzmeister werden.	Abu Hassan, Nathans Freund, ist ein Derwisch, inzwischen aber Schatzmeister des Sultans.	
13	Der Tempelritter ist Nathan gegenüber zunächst abweisend, weil dieser Jude ist und er Juden verachtet.	Der Tempelritter ist Nathan gegenüber zunächst abweisend, weil Nathan ihm einmal gegen hohe Zinsen Geld geliehen hat.	Der Tempelritter ist Nathan gegenüber zunächst abweisend, weil er sich bei Rechas Rettung den Mantel ruiniert hat.	
14	Der Sultan, Saladin, wünscht sich Frieden und toleriert die Juden in Jerusalem.	Der Sultan, Saladin, wünscht sich, dass Jerusalem endlich frei von Juden und Christen ist.	Der Sultan, Saladin, möchte, dass die Juden in Jerusalem zum Islam konvertieren.	
15	In dem Gleichnis von den drei Ringen geht es darum, dass eine der drei Religionen die wahre ist, jedoch nicht klar ist, welche.	In dem Gleichnis von den drei Ringen geht es darum, dass die drei Religionen gleichberechtigt und miteinander verbunden sind.	In dem Gleichnis von den drei Ringen geht es darum, dass es schon immer einen Streit darum gab, welche der drei Religionen die wahre ist.	
16	Nathan träumt davon, dass die drei Religionen eines Tages in Frieden miteinander leben, er glaubt aber nicht an die Erfüllung dieses Traums.	Nathan glaubt fest daran, dass die drei Religionen eines Tages in Frieden miteinander und nicht im gegenseitigen Hass leben.	Nathan träumt davon, dass eines Tages alle Menschen das jüdische Glaubensbekenntnis ablegen.	
17	Auf dem Nachhauseweg von Saladin wird Nathan von Männern des Patriarchen ermordet.	Auf dem Nachhauseweg von Saladin wird Nathan von Männern Abu Hassans ermordet.	Auf dem Nachhauseweg von Saladin wird Nathan ermordet. Es ist unklar, wer dahinter steckt.	
18	Recha ist nicht Nathans leibliche Tochter, doch das spielt für sie am Ende keine Rolle mehr.	Recha ist nicht Nathans leibliche Tochter, deshalb verlässt sie am Ende des Romans Nathans Haus.	Recha ist doch Nathans leibliche Tochter, deshalb tritt sie am Ende des Romans Nathans Erbe an.	

E Merkmale möglicher Textsorten in der Abschlussprüfung

1 Rufe dir zunächst alle Textsorten ins Gedächtnis, die für eine Schreibaufgabe zur vorliegenden Prüfungslektüre infrage kommen könnten. Liste mindestens 5 verschiedene Textsorten auf.

✦	✦
✦	✦
✦	

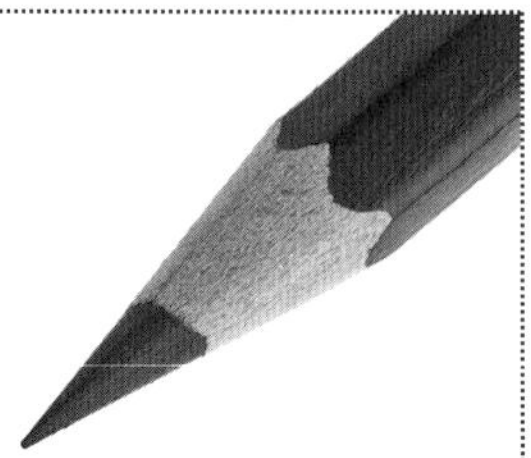

2 Ordne den hier aufgelisteten Textsortenmerkmalen die entsprechenden Textsorten zu. Mehrfachnennungen sind möglich.

a Die Äußerungen der Figuren werden in wörtlicher Rede wiedergegeben und entsprechen dem Sprechstil der jeweiligen Person.

Textsorte/n: ______________________

b Der Leser des Textes und dessen Reaktionen auf das Gelesene werden mit einbezogen, da er/sie nicht direkt auf das Geschriebene reagieren kann. Der Schreiber geht aber von bestimmten Reaktionen aus.

Textsorte/n: ______________________

c Spontane Themenwechsel und gedankliche Abschweifungen vom Thema sind möglich.

Textsorte/n: ______________________

d Die eingeschränkte Perspektive der Figur darf nicht verlassen werden.

Textsorte/n: ______________________

e Der Grund für das Schreiben des Textes wird in den meisten Fällen ausdrücklich genannt.

Textsorte/n: ______________________

f Umgangs- und Alltagssprache der jeweiligen Figur werden verwendet.

Textsorte/n: ______________________

g Das Geschehene wird im Nachhinein reflektiert und bewertet.

Textsorte/n: ______________________

h Ehrliche Gedanken, die nicht unbedingt ausgesprochen werden würden, tauchen auf.

Textsorte/n: ______

i Die Position des Schreibenden zu einem Thema wird deutlich.

Textsorte/n: ______

j Der Ablauf des Geschehens muss allein durch das Gesagte nachvollziehbar werden.

Textsorte/n: ______

k Es kann nur erwähnt werden, was die Figur zu dem genannten Zeitpunkt schon weiß.

Textsorte/n: ______

l Es dürfen keine anderen Figuren zu Wort kommen.

Textsorte/n: ______

m Die Figur stellt Fragen an sich selbst.

Textsorte/n: ______

n Kommentare zu gerade stattfindenden Ereignissen oder zu anderen Figuren, dem eigenen Verhalten, vergangenen Geschehnissen usw. kommen vor.

Textsorte/n: ______

o Regieanweisungen, die zusätzliche Informationen liefern, können eingearbeitet werden.

Textsorte/n: ______

p Der Text könnte als Verarbeitung des Tagesgeschehens gesehen werden.

Textsorte/n: ______

q Gedanken und Gefühle werden direkt und unmittelbar in Worte gefasst.

Textsorte/n: ______

Da der Roman viele erzählende Passagen enthält, sind in der Prüfung vor allem Schreibaufgaben denkbar, die einen erzählenden Text verlangen (z. B. Recha erzählt ihren Kindern von Nathan). Zudem gab es zu der Zeit, in der die Handlung angesiedelt ist, wenige Menschen, die außerhalb der reinen Informationsübermittlung Texte zu Papier brachten. Viele Dinge wurden mündlich weitergetragen, in Form von Erzählungen, Gleichnissen oder Parabeln. Bei einer solchen Textform handelt es sich dann im weitesten Sinne um ein Gespräch, das *einen* hauptsächlichen Sprecher / Erzähler hat, der eine fast monologische Geschichte zum Besten gibt.

3 Die folgenden Textauszüge stammen aus Lösungen zu Schreibaufgaben, wie sie in der Prüfung von dir verlangt werden.

a Ordne sie beim Lesen einer Stelle im Buch zu, an der die dazugehörige Aufgabenstellung verankert sein könnte.

b Welche Textsorte wurde in der jeweiligen Aufgabenstellung verlangt?

Textauszug 1

Was habe ich nur getan? Was habe ich getan?! Welcher böse Geist hat mich verführt, ihn zu verraten? Nathan, meinen Retter. Nathan, der immer gut zu mir war, der mich aufgenommen hat. Wie konnte ich nur? Warum habe ich es ihm gesagt? Ich bin ein selbstsüchtiges Weib! Aber nicht ausschließlich an mich habe ich gedacht … Auch Rechas Zukunft hatte ich im Sinn. Sie lieben sich doch, Recha und der Tempelritter, das sieht jeder. Und sie ist längst schon im mannbaren Alter. Es ist unrecht, die beiden unglücklich sein zu lassen, wenn es doch gar kein Hindernis für sie gibt. Sie können doch heiraten, sie können miteinander glücklich werden. Recha ist keine Jüdin, sie ist Christin … Trotzdem hätte ich das Geheimnis nicht verraten dürfen, das Elijahu mir anvertraut hat. Elijahu … das wird er mir nicht vergessen können. Ich habe es ihm geschworen und nun habe ich es doch verraten. Habe auch ihn damit verraten. Was soll ich nur tun? Mein Herz ist so schwer …

Mögliche Verortung der Aufgabenstellung (Textstelle im Roman, Seite):

____

____

____

Textsorte: ____________________________

Textauszug 2

Wie entzückend du lächelst, mein kleiner Nathanael. *(Nathan ist die Kurzform von Nathanael)* Ich bin Gott über alle Maßen dankbar, dass er mir einen Sohn geschenkt hat und ich deine Mutter sein darf. Ach, könnte dein Großvater dich nur sehen! Auch seine Freude wäre übergroß. Als mir gesagt wurde, dass ich einen Jungen geboren habe, kam mir das Versprechen, das ich nach dem Tod deines Großvaters gegeben habe, wieder in den Sinn und so nannte ich dich Nathan. Dein Name bedeutet „Der Herr hat gegeben" und es war auch schon der Name deines Großvaters, den sie „Nathan den Weisen" nannten. Ihn hat der Herr reichlich mit Gaben beschenkt: Er war klug, tolerant, barmherzig, weise und er liebte die Menschen, ganz gleich ob Juden, Christen oder Muslime, so wie es dem Gott aller Menschen gefällt. Obwohl du jetzt noch so klein bist, werde ich dir von deinem Großvater berichten.
Er hatte einen großen Traum, den er im Kleinen bereits lebte. Er wünschte sich, dass eines Tages die Söhne von Juden, Muslimen und Christen miteinander am Tisch der Brüderlichkeit sitzen können, dass sich selbst unsere Stadt Jerusalem eines Tages in eine Oase der Freiheit verwandeln wird. …

Mögliche Verortung der Aufgabenstellung (Textstelle im Roman, Seite):

____

____

____

Textsorte: ____________________________

Textauszug 3

DAJA *(streicht Recha über das Haar)*. Wie geht es dir, Recha?

RECHA. Es wird gehen. Ich bin stark, Daja. Ich bin kein Kind mehr.

DAJA. Das weiß ich, Recha, das weiß ich schon lange. Du hast mit Elijahu gesprochen?

RECHA. Ja. Wir haben über Vater gesprochen. Er fühlt sich schuldig, weil er ihm nicht geholfen hat. Aber was hätte er tun sollen, gegen vier oder fünf Männer. Sie hätten ihn nur auch noch umgebracht. So bleibt wenigstens er mir …

DAJA. Elijahu und Nathan waren enge Freunde. Seit 18 Jahren. Es wird schwer für ihn werden, so wie für uns alle. Elijahu hat ihn am längsten gekannt.

RECHA. Ja, und er hat ihm schon einmal das Leben gerettet. Vater hat es mir erzählt. Er hat gesagt, dass Elijahu ihm immer ein treuer Freund gewesen ist, ein Bruder sogar, und dass er den Verlust seiner Frau und seiner Söhne ohne Elijahus Hilfe nicht überstanden hätte. Das habe ich ihm gesagt.

DAJA *(lächelt Recha an)*. Du bist wirklich die Tochter deines Vaters, Recha. Auch wenn euch nicht das Blut verbunden hat. Dein eigener Kummer hindert dich nicht daran, für andere zu sorgen und ihnen Gutes zu tun. Nathan, „der Weise“, hat man über deinen Vater gesagt. Vielleicht wird man dir diesen Beinamen auch einmal geben. …

Mögliche Verortung der Aufgabenstellung (Textstelle im Roman / Seite):

____

____

____

Textsorte: ______________________________

Textauszug 4

Heute wurde ich mit den Waffen der Weisheit geschlagen. Mein eigentlicher Plan ging nicht auf und dennoch habe ich gewonnen, viel mehr gewonnen, als es zunächst zu gewinnen gab. Allah hat mir die Augen geöffnet und mir einen Freund geschenkt.

Noch immer spüre ich in mir das Gefühl, das der Jude Nathan, den sie zu Recht „den Weisen“ nennen, mit seinen Worten ausgelöst hat. Fast erscheint es mir unwirklich und doch hat sich heute mein Blick auf die Welt verändert. Al-Hafi brachte mir den Juden Nathan, der uns mit seinem Reichtum zu den finanziellen Mitteln für den Angriff verhelfen sollte. Ihn jedoch direkt um das Geld zu bitten, lag mir fern. Er war mir als Weiser angekündigt worden, so wollte ich ihn mit einer Frage in die Enge treiben, um zu sehen, wie es tatsächlich um seine Weisheit bestellt ist. Schließlich bin ich Saladin, der Sultan, und gewöhnlich ist es meine Weisheit, nach der sich die anderen richten müssen. Ich fragte ihn also nach der seiner Meinung nach „wahren Religion“. Eine hinterlistige Frage fürwahr! Was sollte ein Jude einem mächtigen Muslim darauf schon antworten? Seine eigene Religion verleugnen, mir die meine absprechen?! Aus dieser Falle kommt er nicht heraus, davon war ich felsenfest überzeugt. …

Mögliche Verortung der Aufgabenstellung (Textstelle im Roman / Seite):

____

____

____

Textsorte: ______________________________

F Schreibaufgaben im Stil der Abschlussprüfung

1 „Es war zu spät. Worte, die einmal ausgesprochen sind, lassen sich nicht mehr zurücknehmen." (S. 175)

Daja hat dem Tempelritter Nathans Geheimnis verraten. Nachdem sie die Worte gesprochen hat, bereut sie es, kann die Sache aber nicht ungeschehen machen. Sie beschließt, Nathan einen Brief zu schreiben und ihm darin den Vorfall zu erzählen und zu erklären.

Schreibe diesen **Brief**.

2 „‚Natürlich bleibe ich bei dir. Sein großes Herz hat uns zu einer Familie gemacht.'" (S. 241)
Nach der Unterhaltung mit Recha spricht Elijahu mit Zipora über Nathan und dessen Tod, über Recha und über die Zukunft.

Schreibe dieses **Gespräch**.

Gehe so vor:

1. Überlege dir zunächst, in welcher Situation sich Daja gerade befindet, als sie den Brief schreibt, bzw. wie sich Elijahu und Zipora fühlen und in welcher Situation sie sich befinden, während sie miteinander sprechen.
2. Überlege dann, welche Themen in den Brief eingearbeitet werden sollten und worüber Elijahu mit Zipora sprechen wird. Notiere die Themen und mache dann genauere Stichpunkte zu den einzelnen Bereichen. Sammle zunächst möglichst viele Informationen, auch wenn du vielleicht nicht alle in deine Texte einarbeiten wirst.
3. Lege jeweils einen Schreibplan an, indem du deine Stichpunkte ordnest. Diese kannst du dazu in deiner ersten Stichwortsammlung nummerieren oder noch einmal neu in der richtigen Reihenfolge aufschreiben.
4. Rufe dir dann nochmals die Merkmale der geforderten Textsorten Brief und Gespräch ins Gedächtnis, bevor du mit dem Ausformulieren deiner Texte beginnst.